현대향가 제6집
고대의 노래 현대의 노래

현대향가 제6집

고대의 노래 현대의 노래

정복선 | 이창호 | 이용하 | 이영신 | 윤정구
유소정 | 김현지 | 고영섭 | 주경림

문예바다

| 서문 |

고대의 노래 현대의 노래

고대인들은 향가를 가악歌樂의 처음으로 이해해 왔다. 가악 관련 기록에 의하면 고조선의 「공무도하가」, 고구려의 「황조가」, 백제의 「정읍사」, 가야의 「구지가」 등이 모두 가악이었음을 알 수 있다. 신라의 경우는 가악 관련 기록이 일부나마 남아 있다.

"이해에 민속이 환강歡康해서 비로소 「도솔가兜率歌」를 지으니 이것이 가악의 시작이다."
— 『삼국사기』 제1권, 유리이사금儒理尼師今 5년

이 기록처럼 「도솔가」는 신라 최초의 가악이었다. 이후 신라는 상대와 중대와 하대의 3대에 걸쳐 많은 가악이 지어지고 널리 성행하였다.

"「회악會樂」 및 「신열악辛熱樂」은 유리왕 때에 지은 것이다. 「돌아악突阿樂」은 탈해왕脫解王 때에 지은 것이다. …… 이것은 다 나라 사람들이 기쁘고 즐거워서 지은 것들이다. 그러나 소리악기[聲器]의 숫자와 노래춤[歌舞]의 모습은 전해지지 않는다."(『삼국사기』 「악지樂志」)

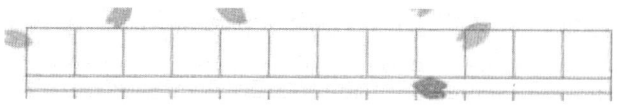

아쉽게도 악기의 숫자와 가무의 모습은 전해지지 않지만 이들 가악은 나라 사람들이 기쁘고 즐거워서 지은 국민가요였음을 알 수 있다.

"왕이 원래부터 각간角干 위홍魏弘과 통했었는데, 이때 와서는 항상 안에 들어와 일을 보았다. 이에 대구화상大矩和尙과 함께 향가鄕歌를 수집하도록 명하고, 이를 『삼대목三代目』이라 일렀다.
　　　　　　—『삼국사기』 제11권, 진성왕眞聖王 2년

진성여왕 이래 『삼대목』은 신라의 국민 가요집이었다.

이어 고려 초·중기에 편찬된 『고기』에도 몇몇 무곡舞曲에 필요한 악기와 재인才人을 적은 뒤에,
　"최치원이 당시 향악鄕樂에 잡영雜詠 다섯 수를 지었는데, 지금 여기에 적어 둔다."
하고 「금환金丸」 「월전月顚」 「대면大面」 「속독束毒」 「준예狻猊」의 명칭을 붙이고, 그것들에 대한 특색을 칠언절구七言絶句로 읊은 것을 싣고 있다.

그런데 『삼국사기』는 노래 이름과 곡의 명칭과 그것을 부르며 춤추는 절차의 일부를 전하고, 최치원崔致遠이 한시로 읊은 다섯 수에 대한 번역시를 소개할 뿐, 아쉽게도 그 노래 내용이나 가사를 전하지 않고 있다.

또 『고려사』「악지樂志」 2에 '삼국속악三國俗樂'이라 하여, 신라에 관한 것만 「동경東京」「목주木州」「여나산余那山」「장한성長漢城」「이견대利見臺」 등 6개의 제목을 들고, 고려 속악에 속한 것 중 「무애無㝵」「처용處容」 등 신라 계통의 것을 섞어 두었으나, 모두 '말이 실리지 않았다.'는 것 속에 넣어 두었을 뿐 당시의 노래가 어떤 것이었는지 알 수가 없다. 마찬가지로 그 노래 내용이나 가사를 전하지 않고 있다.

이와 달리 『삼국유사』는 '제3대 노례왕'(제1권)에서 "처음으로 도솔가를 지으니 감탄하는 말이 있고 사뇌詞腦의 격이 있었다."고 하여 그 기원과 종류를 보이고 있다. '월명사 도솔가'(제5권)에서는 "다만 향가만을 안다."라고 하고, "이에 도솔가를 지었다."고 했다. 아울러 그것의 귀중한 실물로서 득오곡得烏谷의 「모죽지랑가慕竹旨郎歌」(제2권 효소왕대), 충담사忠談師의 「안민가安民歌」와 「찬기파랑가讚耆婆郎歌」(제2권 효소왕대), 원성대왕의 「신공사뇌가身空詞腦歌」(제2권 원성대왕, 가사 미상), 「삼가三歌」

「현금포곡玄琴抱曲」「대도곡大道曲」「문군곡問群曲」(제2권 경문대왕, 가사 미상)「처용가處容歌」(제2권 처용랑, 헌강왕대), 신회神會가 지은「망국애가亡國哀歌」(제2권 김부대왕, 가사 미상), 가락 구간九干의 「영신군가迎神君歌」(제2권 가락국기), 희명希明의 아이가 지은 「천수대비가千手大悲歌」(제3권 분황사 천수대비, 경덕왕대),「영묘사靈廟寺 장육조성요丈六助成謠」(제4권 양지사석, 선덕왕 대), 월명사가 지은「도솔가兜率歌」「산화가散花歌」및「제망매가祭亡妹歌」(제5권 월명사 도솔가, 경덕왕대), 융천사融天師가 지은「혜성가彗星歌」(진평왕대), 신충信忠이 지은「원수가怨樹歌」(제5권 신충괘관信忠掛冠, 효성왕대), 영재사가 지은「심가心歌」(영재우적永才遇賊, 원성왕대) 등을 전하고 있다.

이렇게 보면 고대인들이 지은 노래는 결코 적지 않았다. 이들 노래는 "다 나라 사람들이 기쁘고 즐거워서 지은 것들"이다. 이들은 기쁠 때나 즐거울 때에 노래를 지었다. 이 때문에 우리는 이들 노래 속에서 당시 사람들의 슬픔과 기쁨을 읽어 낼 수 있다.

또『삼국유사』의「진성왕」조에는『삼대목』에 관한 것이 보이지 않지만 제48대「경문대왕」조에는 다음과 같이 전한다.

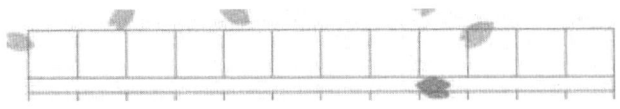

"국선國仙 도원랑道元郎, 예흔랑譽昕郎, 계원桂元 숙종랑叔宗郎이 금란金蘭에서 유람하고 있을 때, 임금을 위하고 나라를 다스릴 뜻을 은근히 품고, 이에 노래 3수를 지어 사지숢知 심필心弼에게 침권針卷을 주어 대구화상에게 보내 노래 3수를 짓게 하니, 첫째는 「현금포곡」이요, 둘째는 「대도곡」이요, 셋째는 「문군곡」이었다."

대구화상은 『삼국사기』의 대구화상으로 월명사·융천사와 마찬가지로 승려로서 시인이었던 것을 알 수 있으며, 또 『삼대목』의 구체적인 내용이 전해지지 않는 지금 『삼국유사』에만 그 흔적이 남아 있음을 알 수 있다.

고려의 혁련정赫連挺은 균여均如(932-982)의 「보현십원가」 11수를 『균여전』에 수록하였고, 일연은 『삼대목』 내지 당시까지 전해지던 향가를 선별한 14수를 『삼국유사』에 담아내었다. 그 결과 향가는 25수가 전해지고 있다. 그런데 최근에 향가연구가인 김영회는 향가 창작법 형식에 따라 「공무도하가」 「황조가」 「구지가」 「비형랑가」 「지귀가」 「요석공주가」 「해가」 「지리가」 「판니가」 「완산동요」, 그리고 고려 예종이 태조 왕건이 견훤과 싸울 때 왕을 대신해 죽은 개국공신인 장수 신숭겸申崇謙과 김락

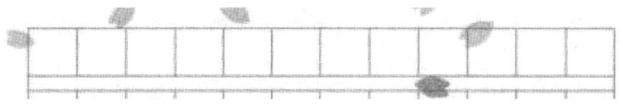

金樂을 기려 지은 「도이장가悼二將歌」 1수까지 포함한 향가 11곡 발견 보고서를 통해 향가를 36수로 집계하고 있다. 심지어 그는 일본의 『만엽집(4516가)』의 노래들도 향가이며, 『일본서기』와 『고사기』에 실린 운문들도 향가라고 주장하고 있다. 나아가 그는 "일본에 전해진 열도의 향가는 고대 한반도인들이 가지고 간 특수 제작법에 의해 만들어졌고, 고대 한반도어로 불리고 있었으며, 한민족의 이주민 문학으로서 한국 문학의 한 갈래였다."고 역설하고 있다.

  이렇게 본다면 향가는 고대 동아시아를 이해하는 창구이며 고조선 이래 부여, 고구려, 한韓, 예맥, 옥저, 읍루, 말갈, 왜倭 등으로 구성된 동이족의 문학이었다는 사실을 알 수 있다. 하지만 우리는 향가를 100년 동안 연구해 오면서도 아직 온전히 해독해 내지 못하고 있다. 이에 우리 〈현대향가〉 동인들은 고대 향가의 정신과 형식을 계승하면서 현대 향가로 되살려 내어 우리 시의 깊이를 더하고 두께를 두텁게 하고자 한다. 그리하여 향가는 고대의 노래만이 아니라 현대의 노래로 이어지게 하고자 한다.

2023년 10월 1일 고영섭

| 차례 | 현대향가 제6집 | 고대의 노래 현대의 노래 |

서문 • 고대의 노래 현대의 노래

정복선
창밖에 헌화가獻花歌를 _ 18
비로소, 소풍이다 _ 19
보름달을 뒤집어 보세요 _ 20
수렵채집의 기나긴 꿈 _ 21
제망매가祭亡妹歌 2 _ 22
블랙홀에 떨어지는 물소리 _ 23
그 역驛이 사라지다 _ 24
달항아리 깨지다 _ 25
알리바바 따라잡기 _ 26
왜, 음악인가 _ 27

이창호
봄길 _ 30
꽃다지 _ 31
꽃등불 _ 32
즐거운 농부 _ 33
조계산 야간 산행 _ 34
서석대瑞石臺의 기원 _ 35
주말농장에서 _ 36
전라도 눈길 _ 37
강바람 들바람 _ 38
흔들리는 하루 _ 39
아내를 위해 슬픔을 사다 _ 40
무명의 독백 _ 41

이용하

춘설 _ 44
시인의 사랑 _ 45
시절인연 _ 46
소신공양 _ 47
달을 얻다 _ 48
재회 _ 49
화랑도 _ 50
사랑론 _ 51
운주사 자명종 _ 52
아내 도둑 _ 53
마음 계영배 _ 54
개벽 _ 55

이영신

풍요風謠 _ 58
산골짜기 고시원 _ 59
마음 여행 _ 60
월명이라는 그리움 _ 61
나비야 나비야 _ 62
쌈 구경 _ 63
해 질 녘, 산국화향 _ 64
도깨비바늘 _ 65
풀밭 멍석 _ 66
젖줄 _ 67
현자, 처용 _ 68
한 고개 넘고 두 고개 넘어 _ 69

윤정구

봉천 동광중학교 _ 72
봉천 동광중학교 2 _ 73
해방과 전쟁의 소용돌이 _ 74
봉천 동광중학교 서울 동창회 _ 75
동광중학교 마지막 동창회 _ 76
내 시에서 불교 냄새가 난다고? _ 77
기적 _ 78
봉선화 _ 79
도깨비 길 _ 80
서낭당 고개 진달래 필 무렵 _ 81
말 무덤 _ 82
페르시아 왕국에서 온 처용 _ 83

유소정

일루션illusion _ 86
수수께끼 _ 87
기도 _ 88
夢 _ 89
Bardo _ 90
봄을 찾다 _ 91
꽃냥이 _ 92
無音 _ 93
Crack _ 94
숨, sum _ 95
나무 왕생 _ 96
불꽃을 향하여 _ 97

김현지 아름다운 것들은 언제나 쉬이 가네 _ 100
속을 비워야 소리가 난다 _ 101
그리운 할미꽃 _ 102
태양도 가끔은 아프다 _ 103
능소화 사랑 _ 104
봄 마중 _ 105
호박 한 덩이 _ 106
홍시 _ 107
하산지점 _ 108
서설瑞雪 _ 109
헌집 _ 110
그들은 아직도 그곳에 있었네요 _ 111

고영섭 시 한 수 _ 114
하지 _ 115
동치미 _ 116
묘수 _ 117
앗싸, 목련 _ 118
돌아보다 _ 119
병에게 _ 120
칠가걸식七家乞食 _ 121
일미칠근一米七斤 _ 122
벚꽃 한생 _ 123
단풍 _ 124
감사 _ 125

주경림

뻐꾹뻐꾹 뻐꾹채 _ 128
강화유리 자파현상 _ 129
讚 방산 스승 _ 130
부처님 공부시간, 한 컷 _ 131
열한 개의 꽃송이 _ 132
바람 헌화가 _ 133
빗소리 새장 _ 134
공자의 열린 음악회 _ 135
연잎에 싼 잉어 _ 136
문자도 '忠' _ 137
고슴도치의 오이 서리 _ 138
청자 미인 _ 139

• 해설 | 격세유전의 문화적 밈 혹은 '가을 문명'의 한 소식 … 정효구 _ 142

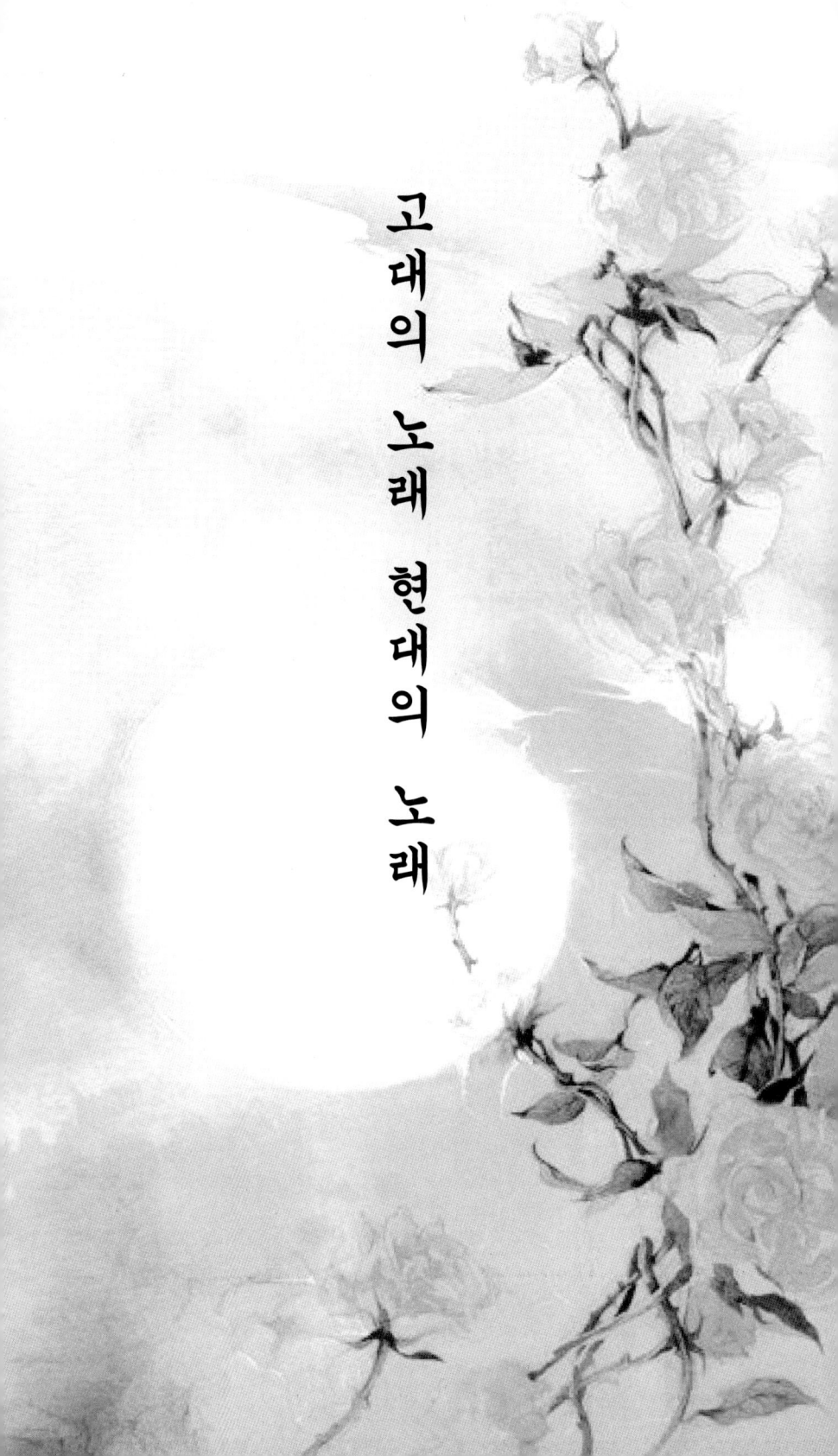

고대의 노래 현대의 노래

정복선

    정복선의 시는 태초와 같은, 소풍과 같은, 들국화 한 송이와 같은, 옛집 뜨락과 같은 덧나지 않은 무위와 자연, 자유와 평화의 세계를 그리워한다. 그는 이 속에서 자신의 심연이 깊어지기를, 그의 정신이 백척간두 그 너머에 도달하기를 꿈꾸고 있다.

창밖에 헌화가獻花歌를
비로소, 소풍이다
보름달을 뒤집어 보세요
수렵채집의 기나긴 꿈
제망매가祭亡妹歌 2
블랙홀에 떨어지는 물소리
그 역驛이 사라지다
달항아리 깨지다
알리바바 따라잡기
왜, 음악인가

창밖에 헌화가獻花歌를

당신의 창밖에 헌화가를 심는다
꺾이기 쉬운, 무구無垢한, 몸살 앓다 떠나간,
그 목숨의 높낮은 신음소리에 오래 괴로웠다
비밀한 건축술로 스스로 상처를 채워 가는 꽃나무들이
나의 스승이다, 실의를 버리고 또 심는다
인터스텔라의 전령傳令같이, 처음같이, 문 두드리는 꽃들,
폭우 장마가 지나자 꽃밭에서 모두 희희낙락이다
꽃이었나, 풀이었나?
아뿔싸, 무엇이 내 것이고 무엇이 神의 것인지,
태초의 덤불숲이다 다시,

비로소, 소풍이다

열매가 되는 거야?
호텔 캘리포니아*에 가서 위태로운 한 철을 보내고 오니
대숲바람이 너덜거리는 옛 앨범 사이에서 튀어나온다
노인들이 깔깔거리며 마당에서 그네를 타고
미지의 아이들은 엽서에 만년필로 한약처방을 쓴다
사냥을 떠난 사람은 등꽃 목도리를 두르고 입성하고
태초로부터 날아온 말씀이 모래가 된 뜰
무릎 꿇은 낡은 초록치마
비로소, 소풍이다
해바라기 한 송이의 반경 그 사유만큼의 궤도 밖으로

*Hotel California : 록밴드 이글스의 노래 제목

보름달을 뒤집어 보세요

이 긴 밤이 지나면 타오르던 장작불꽃도 시들어
몇 날 며칠 헤맴 끝에서 태어난
첫 모험 한 점 만날 수 있겠지요
혹여 거친 눈빛 한 방울 떨어뜨리지 않았을까,
지나친 열망의 재가 원망願望을 휘덮지나 않았을까,
목욕재계하고 드디어 보름달을 만납니다
혹여 당신이 이미 길 떠난 후라면,
이 단심丹心이 발굴될 다른 생이 오겠습니까
남몰래, 접시 밑바닥에 그려 둔
들국화 한 송이의!

수렵채집의 기나긴 꿈

꽃 피우기에 온 유목의 시간을 바쳤습니다
꽃을 바치기 위해 오늘은 가위를 들었지요
그대여, 어떤 노래를 원하시나요
벼랑 아래 동고동락으로 짙어진 뜸부기 울음, 어떠세요
휘파람새 소리 자욱한 높은 우듬지는요?
이 첩첩 기나긴 두루마리를
찬찬히 펼쳐 보고 감상해 주실래요
지상에 마지막 유르트를 짓고 있는 지금

제망매가祭亡妹歌* 2

배를 탄 사람아
그대가 떠난 후에야
남겨진 자목련 꽃잎들이 일제히 공중을 향해
산불처럼 타오르는 마지막 불꽃놀이임을 알았네
꺼져도 꺼지지 않는 사랑임을 알았네
그대는 다시 오지 못하므로
내, 그대 떠나간 이름 없는 항구**에 가야 하리
황도 12궁 별자리들 사이로 노 저어 가리

*월명사가 지은 향가에서 가져옴
** 박목월 시 「목련꽃 그늘 아래서」에서 가져옴

블랙홀에 떨어지는 물소리

아직 8월이 다 가지 않았는데
가을바람이 물소리 내며 몰려옵니다
뉴욕 세계무역센터 두 동이 서 있던 자리에 건축된
911 메모리얼 파크 pool 두 곳
네모난 구멍 속으로 떨어져 내리는
쇼팽의 피아노협주곡 1번 2악장 Romance
폭포수 소리가 다른 세계로 파동 쳐 나가는 동안
울컥, 심연深淵은 깊어져 갑니다

그 역驛이 사라지다

봄눈에 아린 꽃눈을 내밀어 본 곳
그 역에 내린 지 이십여 년 삼삼오오 앉아서
지나온 철길과 역들의 모래바람을 토해 내던 곳
태풍에 떠밀려서 뒷걸음칠 때에
빠르게 떠나가는 기적소리에 하루를 베이던 곳
무연無然히 주저앉았다가 다시 행성들을 따라 항해하려던,
아으, 그 역이 지구에서 영영 사라지다니
한 량輛의 나의 정신은 어느 역까지 가야 하나요?

달항아리 깨지다

쨍, 달항아리 하나 백척간두에서 미끄러져 산산조각 났다

달콤새큼 짭짜름 향긋함, 만년 밀물썰물 배인 한 사람이

띠풀 도롱이 걸치고 총총 떠나간다

청계천이 휘이~휙 휘파람 불며 따라가 버렸다

알리바바 따라잡기

몰랐구나
이리 많은 별들이 웅성거릴 줄
한꺼번에 몰려와서
한 줄로 꿰이려고 아우성칠 줄은
밤 내 눈련으로부터 쏟아진 별들을
한 말 한 말 되다가 깜빡 잠들었다,
아침햇살에 빌려온 말을 돌려주었는데
밑바닥에 빛나는 별 조각 하나가 붙어 있었다니!

왜, 음악인가

자동차를 바꾸니, CD 넣을 자리가 없었다
생소한 블루투스, 먼 여름정원의 분수가 치솟지 못했다
방의 오디오도 고장났다 as를 미루며
인터넷 음악을 들으며 일 년여, 애들이
아담한 오디오를 주문해 줬다 먼지 닦아 CD를 거니,
못 가는 옛집 뜨락에 서네
감나무꽃과 측백나무가 바람에 사르륵 흔들리는 품새
혈관 속 얼음덩이가 사르륵 녹아 물소리
한때는, 음악과 책들만 있으면 다였었는데,
어리석었다, 고 말 못하겠다

전주 출생. 1988년 『시대문학』 등단. 시선집 『젊음이 이름을 적고 갔네』, 시집 『변주, 청평의 저쪽』, 『종이비행기가 내게 날아든다면』, 『마음여행』, 『여유당 시편』 등 8권, 영한시선집 『Sand Relief』, 평론집 『호모 노마드의 시적 모험』. 한국시문학상, 한국꽃문학상 대상 등 수상. 서울문화재단(2023), 경기문화재단 지원금 수혜. 〈현대항가〉 〈유유〉 동인.

정복선

이창호

이창호의 시는 예스러운 언어와 감각이 이채롭다. 그 예스러움은 오래된 세계를 재문맥화함으로써 새로운 느낌을 창조한다. 고대향가와 현대향가가 만나는 지점이 이 속에 있을 수 있다.

봄길

꽃다지

꽃등불

즐거운 농부

조계산 야간 산행

서석대瑞石臺의 기원

주말농장에서

전라도 눈길

강바람 들바람

흔들리는 하루

아내를 위해 슬픔을 사다

무명의 독백

봄길

길 저편에 한 여성이 걸어온다

서너 걸음 앞에서 날 힐끗 건네다본다

안경 너머 생각보다 예쁜 두 눈 생기 있는 얼굴

라일락 향기 한 움큼 흩어진다

꽃다지

꽃무리 하늘을 흔들고 있습니다

나는 생명의 노래를 듣습니다

밤하늘엔 은빛 여울 반짝이고

봄 땅에는 꽃미리내 물결 춤을 춥니다

꽃등불
— 아카시아꽃을 노래하다

하얀 잎은
고운 곡옥曲玉 타래
옥양목빛 환한 등불은
꽃망태 걸어 놓은 듯
손 가까이 또 높은 우듬지에
수천수만 걸렸으니
숲속 어둔 길 비추심인가
내 마음의 허공 밝히심인가
오호, 그리운 어머님 뵈온 듯 우러르니
뻐꾸기 울음 우는 이곳 정토길목인가 싶으다

즐거운 농부
―그대, 배추 속살 자라는 걸 보는가

하늘 닮아 푸른 살결
햇살 받아 부지런히 차올라라
하루 지나 또 하루
너는 치맛자락으로 넓어만 지는구나
너의 꿈 누굴 향해 열려 있느냐
어린애 팔 벌려 엄마를 안듯
파초 잎 펼쳐 태양을 맞이하듯
어서어서 자라거라 더 차오르거라
에헤야 에헤야, 누구와 그 맛 함께 나눌까
얼럴럴 가을걷이 때 큰 웃음꽃 피어나리

조계산 야간 산행

산은 멀고 멀고 길은 길고 길다
사방으로 넌출대니 끝 간 데를 모르겠다
길 가다 지팡이 괴고 둥근 달 쳐다보니
토끼는 방아 찧되 그리운 얼굴들 어디 있나
멀리 이어진 산 능선 달빛 한 아름 껴안아 있고
발 앞이 환하여 산길이 무섭잖다
길게 뽑는 내 노랫소리 그리움 반 서러움 반
휘영청 달밭 초원은 귀뚜리 울음바다
어어? 승선교 나의 발 이르르니 물소리 끊어졌다
희번덕이는 물낯은 목욕 마친 선녀의 옷자락일세

서석대瑞石臺의 기원

주상절리로 빼곡히 선 너는
마을 장승들의 모임마당인가
할머니 할아버지 남편과 아내들
삼촌들과 시누이, 아이들의 형상으로 살아나
촘촘히 어깨를 의지하여
은밀한 대화를 몸짓으로 나누는구나
역사를 굽어보는 저 장승들의 기원 속에
이 골 저 골 무청 같은 꿈들이 자라고 있는데
아, 하늘 아래 고난의 세월은 언제나 끝이 나고
우리 서로 풍성한 잔칫상을 올릴 수 있을까

주말농장에서
— 남양주시 별내면 용암리에 10평 땅을 얻어 농사를 시작하다

조급한 도심을 떠나와
원시를 손끝에 만집니다
삼국시대 아사달의
땀방울을 닦아 봅니다
닭이 울고 뻐꾸기 찾아드는
조선의 바람과 비구름 마주하는 곳
산골에 어둑발 내리면
불빛 둘러앉은 가족의 기쁨이 다가옵니다
아아, 오랜 세월 한마음으로 즐기던
마을사람들 농악이 귓전에 메아리칩니다

전라도 눈길
— 큰외숙모님을 추억하다

눈 덮인 들녘
얼음달빛이 차다
두승산 먼 능선 아래
달그늘이 시리다
가슴이 울컥
밀물 차오른다
—창호야, 말 좀 해 보아라
　말도 해야 느는 법이다, 잉?
아, 그 걸걸한 정 깊은 말소리
막내시누 그 막내아들 챙기시던 마디 굵은 목소리

강바람 들바람
― 설날 홀로 한복을 차려입고

강에는 강바람
들길엔 들바람
바람 산들산들
나불대는 옷고름은
어느 고전의 아름다움인가
옛 선인의 꽃숨결인가
자색사 두루마리 명주 고운 목도리 두르고
한강가 너른 들길을 걷는 나
하지만, 뉘 보아 줄 이 있느냐 어른들 다 떠난 지금
사랑은 철없이 받을 때 가장 포근한 것이지

흔들리는 하루

흔들의자를 산다
세상이 나를 흔들기 전에
내가 먼저 나를 흔들기 위해
골목 칼바람이 내 자만심을 꺾기 전에
내가 먼저 내 자만심을 꺾어 버리고
해안 파도가 내 오만을 상처 내기 전에
내가 먼저 내 오만의 미소를 할퀸다
살기 위해서 살아남기 위해서
아아, 내가 먼저 내 꿈을 흔들어야 한다
밤을 밀치고 떠오르는 태양이 내 꿈을 흔들기 전에

아내를 위해 슬픔을 사다

상품권으로 반짝이는 눈물을 사러 갔다
아무도 찾지 않는 세일코너엔
반짝 물방울 뉴 콘셉트 눈물방울
2캐럿 5캐럿 크기 따라 가격도 눈물겨운데
어쩌다 멀쩡한 것은 짝퉁이란다
상품권 얼른 던져 주고
짝퉁 눈물보석 걸고 나오는데
눈물 하나 툭 떨어진다
아뿔사! 산산이 부서지고 만 모든 눈물조각들
그 찬란한 빛에 눈이 찔려 눈물 조금 났을까

무명의 독백

난 쓸 수 없어요
쓸 수 없는 내 간절함은
수평선을 가슴에 품은 앉은뱅이 같아요
여인의 향기 같은 내 품의 언어들
충만으로 피어나던 무채색 편린들
나의 시는 내 안에서만 살아요
당신에게 나누고픈 순수한 결정들은
단장도 못하고 앉아만 있어요
아아, 하나만을 사랑하고 간직할 수 없을까요
내 생명을 위해 가장 고귀한 희생을 치른 그분 앞에

전북 정읍 출생. 서울대 사대, 고려대 대학원 국어국문학과 졸업. 삼육대 교수 역임. 2007년 『시와시학』으로 등단. 시집 『세상에서 가장 빛나는 거울』 『6호선 갈아타는 곳』 등. 〈시섬문인회〉 〈현대향가〉 활동.

이용하

이용하는 '사랑'의 마음을 한가운데 두고 진지하게 사랑론을 시 속에서 전개한다. 그는 최고의 경지에 있는 사랑의 풍경을 사모하면서 그에 미칠 수 없는 자신과 우리들의 현실을 안타까움 속에서 스냅사진처럼 보여 준다.

춘설
시인의 사랑
시절인연
소신공양
달을 얻다
재회
화랑도
사랑론
운주사 자명종
아내 도둑
마음 계영배
개벽

춘설

멀리 그대를 보냈습니다.

하얀 국화꽃으로 보냈습니다.

국화꽃 한 송이는 내가 가져가렵니다.

그대의 시든 향기라도 곁에 두고 싶습니다.

시인의 사랑

헌화가는 전염병처럼 퍼져 나갔다
온 나라의 계집들이 붉은 그 꽃을 원했다
꽃을 바쳐야 할 사내들은
의기충천해서 바닷가로 달려왔다
하지만 벼랑에서 낙상하기 부지기수
누구도 그 꽃을 딸 수가 없었다
그걸 본 노옹이 다시 절벽을 기어올라
꽃을 한 아름 꺾어 오곤 했다
일일이, 젊은이들에게 꽃을 나눠 주고는
암소를 타고 멀어져 가는 노시인이여!

시절인연

동백나무 한 가지의 푸른 잎과 붉은 꽃,
기색도 없이 툭 진 꽃은 누나였습니다
봄이 채 오기도 전에 그리도 서둘러
달님 따라 서쪽으로 간 것인가요?
그날 이후 꿈에서나마 종종 만났는데
그 속에도 나타나지 않은 지 오래입니다
내 꿈속에 들어오지 못하는 것은
이미 이 세상에 돌아온 것이지요
아, 마주 보아도 서로 알아보지 못해
새로 핀 꽃을 물끄러미 들여다봅니다.

소신공양

개심사 늙은 감나무가
온몸을 활활 불태우더니
홍시죽을 펄펄 끓여 놓았네
숲의 어린 동박새들이
겨우내 감나무에 날아와서는
호호 불며 싹 다 먹어치웠네
포동포동 살이 오른 동박새들,
동백나무들 슬슬 열이 오르네
그대여, 이봄엔 나랑 같이
동백꽃 구경 갈거나.

달을 얻다

가을 깊은 날 하늘이 옷을 벗었네
한 점 가림 없이 가슴을 온통 드러내었네
푸르뎅뎅한 속살이 나를 유혹했네
나는 하늘 가까이 산을 올랐네
산 위엔 색색으로 곱게 물들인
원앙금침이 푹신하게 깔려 있었네
우리는 마주 보고 나란히 누웠는데
마침내 하늘이 내게 배꼽 밑을 보여 주었네
오늘 밤, 어둠을 깨뜨리고 나오는 달은
내 새끼다!

재회

그대 눈썹을 사랑했네
그대 눈썹은 반달의 달무리였다가
작은 별의 솜털이었다가
오늘에서야 내게로 오네
그대 눈썹이 눈송이로 오네
푸릇하던 그 살갗의 빛에
간지럽던 그 털끝의 촉감에
첫눈으로 내게로 오네
그대로, 나는 얼어붙어
눈사람이 되었네.

화랑도

겨울 설악산 능선의 눈잣나무,
세찬 바람에 이리저리 쓸리다 보니
아예 땅붙이가 되어 있었지만
새파란 잎은 고귀한 혈통을 말하고 있었다
물가에서 하늘 높이 자라는 잣나무나
산 위에서 겨울바람에 맞서는 눈잣나무나
같은 소나무속(屬)의 후손들,
너는 어느 가문이기에 이렇듯 굳센가
오, 너의 원적은 월성 시냇가,
네게서 천년 화랑의 향기가 난다.

사랑론
― 젊은 베르테르의 슬픔

사랑은 혁명이다
불시에 덮쳐서 단박에 제압한다
생각을 마비시켜 정신을 지배한다
로고스logos는 파토스pathos를 쫓는다
사랑은 수은주 끝까지 치솟는다
심장이 펄펄 끓어 목숨조차 가벼워진다
파토스는 명령한다 장미를 들어라
사랑의 불모지를 정복하라
아서라, 혁명은 승리자를 남기지만
눈먼 사랑은 패배자를 남긴다.

운주사 자명종

내 세상이 극심한 불면증일 땐
운주사 큰 와불 곁에 가 눕고 싶다
그대로 잠들어 나도 바위가 되고 싶다
오랜 시간 함께 풍화되고 침식되면
와불도 나도 얼굴이 다 뭉그러져서
꼭 닮은 채로 나란히 누워 있겠지
미륵은 56억 7천만 년 후 깨어날 것이니
그때 나도 기지개를 켜며 한마디 하겠지
여보, 한숨 푹 자고 나니
이제 좀 살 것 같소.

아내 도둑

사별도 이혼도 아닌데
아내를 빼앗기고 말았네
아내를 잃은 대가로
내가 얻은 건 도둑 사진 몇 장,
아내를 빼앗아 간 도둑은
아주 어린 손자녀석이라네
아내는 아예 도둑이랑 같이 살고
낮이나 밤이나 나는 혼자 버려졌네
바보, 온종일 도둑 사진만 들여다보다니,
몽땅 나까지 도둑맞고 말았네.

마음 계영배

슬픔을, 아주 큰 슬픔까지도
자기 그릇만큼만 담는 사람,
그런 사람이 되고 싶었지만
작은 슬픔도 늘 넘쳐흐르네
잔에 따르는 술이 정량을 넘어서면
자동으로 새어 나가는 계영배를 보고
내 슬픔에게 계영배를 선물하고 싶어졌네
슬픔이 절대 넘치지 못하도록,
왜, 이 세상엔 슬픈 일이 이리도 많은가,
내 기쁨에게도 계영배가 있어야겠네.

개벽

바다에 달이 빠졌다
큰 물고기가 달을 꽉 물었다
달을 문 물고기가 자맥질을 했다
달은 달아나려고 몸부림쳤지만,
마침내 힘이 다한 달을
물고기가 한 점 한 점 파먹었다
달을 먹은 물고기는 새가 되었다
새는 날개를 펼치고 하늘로 올랐다
시나브로, 바다를 그림자가 덮어 가더니
새가 낳은 달이 새로 떠올랐다.

충남 예산 출생. 동국대, KAIST, 시라큐스대 졸업(컴퓨터과학 박사). 2019년 『문학과 창작』으로 등단. 시집 『너는 누구냐』. 〈현대향가〉 동인. 현재 동국대학교 교수.

이영신

　　이영신은 구체적인 삶 속에서 만나는 자연과 자연물들을 자연스럽게 시의 공간 속으로 불러내고 불러들이면서 세상의 모든 경계를 해체하여 일심의 장을 탄생시키는 데 전념하고 있다. 그가 일심의 장을 만들어 내는 과정에서 '차사'의 부분은 특별히 큰 기여를 한다.

풍요風謠

산골짜기 고시원

마음 여행

월명이라는 그리움

나비야 나비야

쌈 구경

해 질 녘, 산국화향

도깨비바늘

풀밭 멍석

젖줄

현자, 처용

한 고개 넘고 두 고개 넘어

풍요風謠

    來如來如來如   오는구나 오는구나 오는구나
    來如哀反多羅   오는구나 서럽구나
    哀反多矣徒良   서럽기도 하구나 우리들이여
    功德修叱如良來如   공덕 닦으러 오는구나*

운문산 풀무치 상운암엔
늙은 비구스님이 공양주라네
저 산 아래에서 지친 이들이 허덕이며 오르고
샘물 한 잔으로 입가심하고 나면
열무김치 감자전 밥 한 상 수북하게 차려 낸다네
쌀밥 한 수저 듬뿍 퍼서 입에 넣는 모습을 보면
"우리 부처님네 밥 잘 드시네" 헤벌쭉 웃으시네
암자 근처까지 곧잘 내려오는 바람 구름 떼는
잘 여물다가 쭈그러진 머리통을 살살 간질여 주네
낮달도 슬며시 끼어들어 밥 한술 얻어먹고 싶어지네

*風謠

산골짜기 고시원

수북이 쌓여 얼어붙은 눈 위에

한 짐승이

앞을 향해 걸어가며 발자국을 찍어 놓았다

갑작스레 길이 막히고

어지럽게 사방으로 찍힌 발자국들

밥 끼니 때우려고

갈팡질팡 애달픈 흔적을

송곳으로 이름 새기듯이 남겨 놓았다.

쪽방, 그 사람이

떠나간 것처럼.

마음 여행

산등성이에 저 구름이 흐르는 듯 머무는 듯

어느새 하늘 저편이네

검독수리가 날개를 힘차게 내저어

쫓아가 가 보시려는가

엎치락뒤치락 동고동락하던 사이

앞서거니 뒤서거니 끌어 줬다가 밀었다가

때로는 뒤돌아서서 나 몰라라 하는 사이였던가

산등성이에 저 구름이 검독수리와

벗이었다가, 남이었다가 흘러가네

남남으로 가고 있네.

월명이라는 그리움

한 천년 거슬러 올라가면 어디선가는 한 핏줄이 된단다

한 천년쯤 떨어진 사이라도 오빠뻘이 될지도 모른단다

해도 달도 가던 길 멈추게 한 사람

솜구름으로 빗방울로 강바람을 타고서 날다 보면

푸른 하늘 은하수 별빛으로 반짝반짝 꿈도 되고

그리움도 되어 가슴에 새겨진 그날이 올지도 모른단다

언제인가는 서방정토 미타전에 다다라서

얼싸안게 될지도 모른단다

소매 끝 한 번, 한 번만 살짝 스쳐 지나도

그리워하다 보면 그리 된다고 들었다.

나비야 나비야

폭염에 짓눌려서 어느 누구 하나

나서질 못한다

바람은 아예 새벽부터 바짝 엎드렸다

심심한 노랑나비가 참다못해

두 날개 팔랑거리며

여기저기 돌아다니다가 바람을 찾아내었다

더듬이로 간질이다가

바람의 코끝을 살짝 깨물었다

휘익! 숨통이 터졌다

바람이 분다.

쌈 구경

아침 댓바람부터 쌈질이다 환삼덩굴은 쌈꾼이다

한번 걸렸다 하면 밭다리를 걸고는 목을 조른다

가시오갈피가 온몸을 가시투성이로 무장했건만

그만 붙들려서 옴짝달싹 못하여 숨을 할딱거린다

훈수 둔다고 한 소리 들어도 도리 없다

환삼덩굴 머리채를 내 손안에 꽉 틀어쥐고

사정없이 잡아채어도 역부족이다

에라 모르겠다, 낫을 들고 단숨에 싹둑 자를까

아, 이 노릇을 어찌하나 반칙을 할까

사람 구실을 하려면 어찌해야 좋을지 모르겠다.

해 질 녘, 산국화향

부동산중개업소가 다 쉬는 날

늙은 사내가 가까스로 한 곳을 찾아내고는

문을 삐죽이 밀고서 묻는다

월세방 나온 거, 한 칸짜리 있어요?

숨을 몰아쉬며 묻는다

바싹 마른 갈퀴 손가락

숱이 빠진 머리칼

가게 문을 맥없이 놓고 돌아섰다

깜박, 졸던 있던 탁자 위의 산국화 향기가

늙은 사내의 등 뒤로 뜬금없이 따라나섰다

도깨비바늘

역마살이란 떠돌이 운수를 타고났다는 말

뾰족한 성깔을 못 이겨 바늘 끝을 치켜들고는

불구덩이에라도 뛰어들 기세를 부리더니

하필이면 나에게 달라붙어서 애걸을 하네

막무가내로 죽을 듯 살 듯 매달리네

어지간하면 맘 잡고 지난여름날 그때처럼

예쁜 꽃 피워 보란 말을 하고 싶어지네

너를 빼닮은 샛노랑꽃이나

천연스레, 천연스레!

송이송이 잘도 피워 보란 말을 하고 싶어지네.

풀밭 멍석

떼로 몰려온 풀벌레들

내가 눈 뜨기만 기다렸다는 듯이 울어 댄다

내쫓을 수가 없어 아예 풀밭을 널찍하게 넓혀서

풀밭 멍석을 깔아 주었다

푸른빛 회색빛, 다리의 색깔도 제각각

날개도 제각각, 몇 마리나 되는지 셀 도리가 없다

맘껏 울어 보렴 맘껏 뛰어 보렴, 하다하다 지치면

기진해 잠들 놈들 고이 잘 묻어 주리라

찌지지직, 귓속에서 울어 대는 풀벌레 소리

나도 따라서 한 소리 해 본다 찌직 지지직…

젖줄

아직도 찬바람이 시리기만 한데

쉼터 의자 아래 새끼손톱만 한 공간에

꽃다지, 좁쌀냉이, 지칭개

오종종히 모여 햇빛을 받아먹느라 안간힘이다

이름도 각각, 지나온 이력도 제각각

아프고 어두운 이력을 굳이 들춰낼 리는 없건만

흙이 젖줄을 대어주며 엄마 노릇을 한다

숨 가쁘게 내어놓는 초록 기운 안에는 젖엄마가 있다.

현자, 처용

서울 밝은 달에 밤들이 노니다가
들어와 잠자리 보니 다리가 넷이어라
둘은 내 것인데 둘은 누구 것인지
본디 내 것이다마는 앗아간 걸 어찌할까*

베네치아 산마르코광장 건너편 상점에서

처용을 꼭 닮은 가면을 만났다

기다란 얼굴과 콩코드 코를 닮은 가면을 쓰고

세상을 바라보면 꿈속인 듯이 서라벌 밤하늘이 펼쳐졌다

그 하늘 아래에서는 내 몸뚱이가 이슬인 듯이

내 마음이 투명한 공기인 듯이

사방 천지의 경계가 눈 녹듯이 사라졌다

바람에 실려 오는 천년을 묵은 해조음만이 아련했다.

*處容歌

한 고개 넘고 두 고개 넘어

거친 파도가 운무를 이끌고 오면
짐승 떼 같은 파도가 운무를 이끌고 올 때면
설악산 울산바위는 사자처럼 맘껏
울부짖을 수 있어서 좋았다
눈보라까지 함께 들이칠 때면 때를 만난 듯이
뒤엎어져서 실컷 울부짖어서 좋았다
그냥 스러져도 좋을 것 같았다
그렇게 나이 들어 가고
그렇게! 짙게 주름이 파인다 하여도
그냥 좋을 것 같았다.

충남 금산 출생. 덕성여자대학교 도서관학과 졸업. 성균관대학교 대학원 동양철학 박사과정. 1991년 『현대시』 등단. 시집 『망미리에서』 『죽청리 흰 염소』 『부처님 소나무』 『천장자구』 『저 별들의 시집』 『오방색, 주역 시』 『시간의 만화경』. 한국시문학상 수상. 1998년 문예진흥원 창작지원금 수혜. 〈현대향가〉 동인.

윤정구

윤정구는 하나 된 마음이 살아 있던 과거의 여러 장면들을 회상하는 가운데서 이들이 현실세계의 분리되고 대립된 마음으로 인하여 어떻게 파괴되고 왜곡되었는지를 안타까운 심정으로 드러내고 있다. 그러면서 궁극적으로는 처용의 서사와 신라인들의 일상에서 보여 주는 초월의 삶과 무아의 삶을 찬탄하며 그리워하고 있다.

봉천 동광중학교
봉천 동광중학교 2
해방과 전쟁의 소용돌이
봉천 동광중학교 서울 동창회
동광중학교 마지막 동창회
내 시에서 불교 냄새가 난다고?
기적
봉선화
도깨비 길
서낭당 고개 진달래 필 무렵
말 무덤
페르시아 왕국에서 온 처용

봉천 동광중학교

심상소학교 졸업 후
집에서 농사일을 돕고 있는 소년이
딱해 보였나 보다
'삼촌이랑 봉천 가지 않을래?'
소년이 어려서부터 따르던
세 살 위 외삼촌은 의젓했다
'동광중학교는 일반 학교와는 달라
동포들이 뜻 모아 세웠는데
그렇다, 농과 한 반, 상과 두 반에
일본말 중국말 영어까지 배운다'

봉천 동광중학교 2

선생님들은 남몰래
'남산 소나무 바람서리' 같은
애국가를 가르치고
'두만강 물은 말 먹여 없애리' 같은
애국시도 가르쳤다
소년은 구라파까지 간다는
새벽기차 소리가 좋았다
언젠가는 몇 날 며칠 밤낮으로
칙칙폭폭, 기차를 타고
푸른 풀밭을 달려갈 생각에 부풀었다

해방과 전쟁의 소용돌이

동광중학교 5학년 때 해방이 되자
한국인이 대부분이었던
15학급 800명 학생들은 흩어지고
동광중학교는 중국인에 넘어갔다
서울로 돌아온 청년 취람翠嵐*은
사학이 철학보다 깊다던
역사선생님의 말씀이 떠올라
대학교에서 사학을 공부하던 중
아아, 잊지 못할 6·25전쟁이 터졌고
취람도 학도병으로 전쟁에 나갔다

*취람翠嵐 김의경金毅敬 선생님. 1925년 안성에서 출생, 봉천 동광중학교 졸업, 동국대학교에서 사학을 공부. 6·25전쟁 참전 후 필자의 6학년 담임이셨고, 합천, 인제 등에서 평생 교육에 헌신하셨음.

봉천 동광중학교 서울 동창회

'84년 어린이날, 서울 창경궁에서 열린
동광중학교 총동창회에는
'37년 입학한 1회 졸업생부터
'45년에 입학한 막내 8회까지
80여 명이 모였다
머리가 허연 졸업생들은
중학생으로 돌아간 듯 즐거워했다
대학 교수가 된 은사님과
찰칵, 사진을 찍어 책상에 놓고
바람처럼 흘러간 생애를 바라보았다

동광중학교 마지막 동창회

2023년 봄 창경궁에 나가지 못한
99세 취람 선생님은
모두 6명이 모였다는 소식을 들었다
죽기 전에 한 번 가 보고 싶으셨다는
봉천 학교는 흔적조차 없어졌다고 한다
나를 불러 옛 사진들을 보여 주시고
함석헌의 『씨올』 『김교신 전집』 등을 주셨다
담임하신 6학년 때 급훈으로 강조하셨던
평생, '겸손하고 꾸준히 공부하라[謙虛思進修]'는
힘찬 몇 점의 붓글씨와 함께

내 시에서 불교 냄새가 난다고?

오빠 시에서는 부처님 냄새가 난다고

수녀동생 생각해서라도

하느님 이야기를 쓰라는 누이야

시의 나라에서는 하느님 부처님 산신령님이 같이 노신다

기적

클났다,
하늘을 날아온 미사일이
우크라이나 정교회 앞뜰
장미정원을 향하여 날아온다
오른쪽 가슴에서 왼쪽 가슴으로 여미는
정교회 방식의 십자 성호를 긋던 성모님 손이
눈 깜짝할 사이 하늘로
올라갔다 내려왔다
휘이익, 떨어지는 미사일을 두 손으로 잡아
촛불 봉헌함 옆에 얌전하게 내려놓았다

봉선화

옥련 누나 노래하는 것 처음 보았다
동네 처녀들 하나 둘씩 건넌방에 모여
벽을 등지고 세운 무릎 치마로 덮고
울밑에선 봉선화를 부르다가
무릎에 얼굴 묻고 울었다
시집갈 날이 며칠 남지 않았다고
고초당초 시집살이 꼬숩더라 우습더라
아들딸 낳고서도 꼭 다시 만나자고
아! 목동아를 몽당연필로 적어 주곤
부댓종이의 봉선화를 다시 불렀다

도깨비 길

명왕성처럼
어린 마음에만 남아 있는 그림
캄캄한 겨울 나라
할아버지 제사 끝나고
양지머리 뭇국 채반을 인 어머니
흰 고무신 비추며
논둑길 건너온 호롱불
도깨비다리 건너가네
조심조심, 도깨비가 흔들라
까마득히 먼 별나라

서낭당 고개 진달래 필 무렵

서낭당 고개 진달래꽃 그늘에서
칡뿌리 캐다가
용천백이다!
한마디에 모두 내던지고 달렸다
보리밭에 숨었다가 간지럼 태워서
어린애 간을 빼먹는다는 용천백이가
대덕산 너머로 한 트럭 왔다는
소문에 모두들 숨이 찼다
와아, 진달래꽃 필 무렵
책보를 어깨에 메고 달려갔다

말 무덤

학교 가는 길에 말 무덤이 있었지
댓골 지나 능부름 고개 너머
잿말에서 넘어온 감나무 몇 그루
땡감을 키우던
성 밖 둑방길 옆 공터에
남쪽 바닷가 녹도에서
피 묻은 주인의 갑옷을 등에 지고
천 리를 달려온 붉은 말이 전한
아, 스물두 살 안타까운 주검이여
말 무덤 적시던 저녁놀 아직도 붉다

페르시아 왕국에서 온 처용

괘릉에 와서 처용을 다시 만났다
소나무 그늘에 숨어 있던 그가
불쑥 나와 앞을 가로막는다
너였지, 천 년 전 그날 밤?
술에 취한 몽롱한 눈빛으로
얽힌 네 다리를 내려다보다가
조용히 문 닫고 나가던 이방인
달빛 아래 꺼이꺼이 울며 헤매더니
오, 천 년 후 오늘 배낭을 메고
페르시아 왕자로 능 앞에 우뚝!

경기 평택 출생. 1994년 『현대시학』으로 등단. 시집 『눈 속의 푸른 풀밭』 『햇빛의 길을 보았니』 『쥐똥나무가 좋아졌다』 『사과 속의 달빛 여우』 『한 뼘이라는 적멸』, 시선집 『봄 여름 가을 겨울, 일편단심』, 산문집 『한국 현대 시인을 찾아서』. 수주문학상, 문학과창작 작품상, 공간시낭독회 문학상 수상. 대산문화재단 창작기금, 문예진흥기금 수혜. 세종도서 문학나눔 선정. 〈시천지〉 〈현대향가〉 동인. 한국시인협회 회원.

유소정

유소정은 향가의 형식을 두루 원용하면서 각각의 표현과 표현 사이에 탄력 있게 튀어 오르는 휴지부, 쉼표, 여백, 묵언 등을 살려 내는 독특한 어법이자 수사학을 구사하고 있다. 이와 같은 그의 시는 노래를 넘어서서 춤과 같은 행동으로 변주될 때까지도 견딜 수 있는 고밀도의 에너지를 내장하고 있다.

일루션illusion
수수께끼
기도
夢
Bardo
봄을 찾다
꽃냥이
無音
Crack
숨, sum
나무 왕생
불꽃을 향하여

일루션illusion

그림자 쫓는 군중
헛디딤 하는 나
탁! 터지는 '빛이 있으라'

하매, 흙탕에 핀 연蓮임이여.

수수께끼

산신이 춤을 추며 노래 불렀다

지리 다 도파도파 智理 多 都波都波

지리 다 도파도파 智理 多 都波都波

반짝인다, 일곱 알 진주목걸이.

기도

그렇다!

어둠으로부터 밝음에로
나를 인도해 주옵소서
허망한 것에서부터 진실한 것으로
나를 이끌어 주옵소서
죽음에서 영원으로
나를 인도해 주옵소서

나는 아무것도 모릅니다

호呼, 들으라, 깨어 있으라, 감사하고 사랑해라
빛나라! 빛나라, '앓음다운' 열매.

夢

한 방울의 촛농이
이렇게 위로해 주었었지
허기는 빛이라고
허기는 색깔도 그런 것
곧 썩어져 버릴
그러니 지혜롭게 다스리라
어둠 속에 모든 허깨비를 이겨 내라고
아름다운 얼굴 얽지 않게 하라고

량良! 길하고, 아름다우라[良], 길하고, 아름다우라[良]
상복을 입고, 징을 치라! 춤을 추며, 노래를 부르라.

Bardo

떠나가는 봄,
풀과 나무 겨울을 맞은 것 같다
상제의 곡하는 소리에
떨어지는 눈물, 애달프구나!

49일, 망자들의 객숙소
팔만 유정 운명들이
사방으로 헤어져 가며
흔드는 손들, 바르도로 가자

阿也! 미타찰아, 맞이해 다오
冬冬冬 북소리 울리네.

봄을 찾다

보세요!
당신의 뜻이 이루어질 겁니다
마흔여드레 밤마다 되뇌는 소리
천 개의 강을 비추는 별님 달님의 노래

새로 도착한 자여,
당신의 뜻이 이루어질 겁니다
입으신 천상의 옷에서
젊음의 새 기운이 솟아납니다

량良, 당신의 뜻, 사랑 이루어지소서
presto vivace! 한껏 와 있는 봄꽃을 발견하라.

꽃냥이

떡을 먹고 춤을 추고
맹렬한 앞발로
은초롱의 뿌리 캐어
때마다 뒷발로
이리저리 뛰어다녀
약속한 듯 낄낄깔깔~
재미있다, 재미있어
나는 고양이로소이다

증曾, 시루에 제수를 쪄라, 떡 좀 떼어 줘라
쑤욱! 잡아당겨라(scherzo), 떡을.

無音

품바~ 타령 들어갑니다
사물은 안으로 물러나 있고
오직 흔적과 낯선 발자국만,

품바! 품바, 되돌아옵니다.

Crack

텅 빈 곳으로 들어가자
하늘과 땅을 아우르는 신비한
세계 속으로 녹아들어 가는 그것
일곱 구멍 창을 닫아걸고
무질서 속 질서의 문이 열리면
어둠에 갇힌 구멍이 하나씩 뚫린다
다리는 여섯, 날개는 네 개, 온몸이 하나 되어
두루뭉술한 그것이 춤을 즐겼다

량良, 마음아, 곁에 눈물도, 기쁨들도 뛰어놀거라
가라, '無 ; 空'의 공간으로 들어가라.

숨, sum

나는 여기,
지금,
살아 있어요.
너는 두려움에 저항하지만
두 느낌이 만나면 언제나
꿈처럼 무의식을 드러낸다
난 숨을 쉬죠
살랑살랑 바람과 함께

노래하는 심장이여! 불을 닮으소서
dolce(부드럽게), 노래하라, 옴마니팟메훔.

나무 왕생

향내 가득한 여름날 밤
불을 피워 놓고
사라수가 흔들리기 시작할 때까지
옥소리를 내며, 북을 쳐, 징을 쳐
주루루룩 발맞추어 함께 춤을 추자
호ㅉ, 얼마나 대단한가! 때맞추어 소리를 함은
길하게 하라, 길하게 하라, 길하게 하라!

"나는 잊어버리고 꽃을 가져오지 않았다."

불꽃을 향하여

위아래로 떠다니며
상승했다 하강하는 음형音形
숲은 여기서 흔들리고
물보라를 튀기며 푸른 시냇물은 흐르네
그렇게, 불가능함을 애도하며
표현할 수 없는 것에 다가가다
더 길어지고 짙어지는 그림자
갈라진 틈 사이로 거룩한 '은자'들이 보인다
오소서, 오소서, 환희의 불길이여
연주하라, 기뻐 외칩시다! 우리는 성공했습니다.

2018년 『현대향가』로 작품 활동 시작. 2020년 동국대학교 철학박사 학위 취득(불교학 전공). 현재 LREC 교육·연구 디렉터 & Music 테라피스트

김현지

김현지의 시는 할미꽃, 능소화, 호박, 홍시 등과 같은 주변의 친근한 소재들을 사랑하고 관찰하면서 식물성의 감성과 내향적 사유로 소란했던 세계를 안정시킨다. 그의 언어 끝에서 세계는 저도 모르게 정돈되고 고요해진다.

아름다운 것들은 언제나 쉬이 가네
속을 비워야 소리가 난다
그리운 할미꽃
태양도 가끔은 아프다
능소화 사랑
봄 마중
호박 한 덩이
홍시
하산지점
서설瑞雪
헌집
그들은 아직도 그곳에 있었네요

아름다운 것들은 언제나 쉬이 가네

오래 함께 있고 싶었던 한 사람,

언제나 그곳에 오래 있었으면 하던 그 사람

문득 보이지 않아 슬펐네

꽃들은 왜 더디 피고 쉬이 지는가

파아랗던 가을하늘 금세 먹구름 일더니

어느새 찬비 내리고 낙엽 지네

억새바람 첩첩 나뭇가지 훑고 가는 저 하늘가

붙잡을 수도 돌려 세울 수도 없이

아, 봄다운 봄, 가을다운 가을은 언제나 쉬이 가네

아름다운 것들은 언제나 바삐바삐 내 곁을 떠나가네

속을 비워야 소리가 난다

빨간 꽈리 한 알 손끝으로 궁글리며

꽈리 속에 꽉 차 있는 꽈리의 악보를 더듬어 본다

모든 악기는 속이 비어야 소리가 나는데

속이 꽉 차 있는 꽈리는 울지도 못한다

꽃밭에 주렁주렁 매달린 꽈리들

누구도 속을 파 주지 않아 노래하지 못한다

가녀린 댓가지로 조심조심 속을 비워 입안 가득 굴리던

꽈리 속 노오란 음계 아롱이는 가을 저문 날

아, 이 풍요한 세상 아무도 그 속마음 열어 주지 않아

입 꾹 다물고 만삭의 배 끌어안고 있는 사람 꽈리들.

그리운 할미꽃

매화 향 따라나선 섬진강 강변 너머

아무도 눈여겨보지 않는 지푸라기 덤불 속에

척박한 산비알 낮은 둔덕 오솔길에

내 어머니 혼불 같은 할미꽃 숨어 피어

옛 이야기인 듯,

옛 노래인 듯, 묻어 둔 울음인 듯

한 가슴 태우고 태워 이 봄 하루 사르는가

뜨거운 숨길 모두어 안으로만 삭이는가

아지랑이 가물한 첩첩산 굽이굽이

저 어린 꽃 불 켜 들고 어디로들 가시는가

태양도 가끔은 아프다

대낮에 천문대를 찾아

태양의 타는 가슴속을 들여다본다

해의 둥근 가슴에 거무스름한 흉터

저 거대한 태양도 아플 때가 있었구나

그렇구나, 해도 달도 별들도 살아가면서 아프구나

이글이글 타는 불길 속에

뚝 뚝 흘러내린 눈물자국

해의 거대한 심장도 때로는 아프구나

능소화 사랑

사랑아 너는 악령이더라 사시사철

내 뼛속에 들어와 사는 바람이더라

지옥이더라

달빛 시린 빈 들판을 밤새 내달려도

오랏줄 휘느려 거머쥐는 휘광이더라

봉두난발로 도망쳐도 도망쳐도

성큼 다가와 두 팔 벌리는 마왕이더라

끝도 깊이도 모르는 수렁이더라 사막이더라

아! 사랑이 꽃이던 시절, 꽃이 사랑이던 시절이

…뚝 뚝 지고 있네 저 멀리로 가고 있네.

봄 마중

손 내밀어 다오

봄볕 아래 나붓나붓 낮게 피는 냉이꽃,

꽃다지 어린 잎새들아

숨어서 자라는 까마중 새까만 열매들아,

범부채 나비들아

행복은 내가 보려고 할 때에만 보이고

바라 봐 줄 때에만 꽃으로 핀다는 거

꽃으로 피고 잎으로 진다는 거 너희도 아니?

호박 한 덩이

전라도 땅 어느 굽이진 마을을 지나다가

논두렁콩 누우렇게 익어 가는 긴 논배미 지나다가

골짜기 메운 자욱한 물비 사이 지나다가

아직 덜 익어 불그뎅 비린 감들

또록또록 까만 눈을 뜨고 있는 과수원길 지나다가

밭두렁 베고 누운 둥두렷한 호박 한 덩이 만났다

잘 사는 일은 결국 잘 익는 것인가

햇덩이 같은 호박 한 덩이

온전히 배꼽 드러내 놓은 채 익고 있다

배 두드리며 저 혼자 잘 살고 있다

홍시

해거름에 찾아든 비슬산 어귀,

단 하나 남은 홍시, 혼불처럼 매달고 있는

키 큰 감나무 속 묵은 옹이들이

홍시

홍시, 라는 한 알의 달콤함에 녹아

어둑하던 산마루가 환해진다

아직도 떫은 맛 다 우려내지 못한

내 남은 바람기에 문 열어 두고

비바람에 꺾인 가지 간신히 비껴 앉아

혼자라서 더욱 빛나는 선홍의 고독

하산지점

언제 올랐는지 모르는 사이 내가

산꼭대기 높은 절벽 위에 서 있다

어떻게 내려가지? 식은땀 닦으며

이 궁리 저 궁리 하고 있는데 바위산이

척 드러누워 길을 내준다

조심조심 내려오고 보니 꿈이었다

이제 내려갈 일만 남았으므로 이런 꿈 꾸는구나

이젠 더 이상 위를 보지 않아도 되므로

아, 굽이굽이 떠도는 저 먼먼 산길도 꿈길도

같은 높이로 서 있으므로···.

서설瑞雪

얇은 겨울 볕 쪼이며 호 호 시린 손 불며

소꿉놀이 부산스럽던 돌담 어귀의 아이들

좋아라, 눈이 와서 좋아라, 팔짝팔짝 뛰며 손뼉 치며

고샅길 달려 나가던 산촌 아이들 발그레한 얼굴 같은

언 배춧잎 같은 추억 한 장 펴 보는 저녁 한때

산 너머로 산 아래로 펄 펄 펄 첫눈 내린다

선반 위에 얹어 둔 설빔같이 연하장같이

아득한 전설같이 설레며 고운 첫눈, 내린다.

헌집

이른 아침 나팔꽃이 담장을 넘어와 안부를 묻는다.

밤새 안녕하시냐? 고

키 큰 해바라기도 목을 빼고 들여다본다.

오늘도 별일 없으신지요?

산기슭 외딴 집 지붕 끝 난간에

까치 한 마리 고개 갸웃 내려다보며 묻는다

낼 모레가 추석인데 피붙이들 소식은 날아오는지?

궁금한 게 많은 길고양이들, 기웃기웃 문틈을 들여다보고 있는

그들은 아직 그곳에 있었네요
— 발해기행 1

바람으로 살아 있었군요
수수거리는 수수밭 이랑이랑 걷다가 뛰다가 지쳐 잠든
유민들 이끌고 거칠 것 없어라 달리던 중원의 군사들
뼈와 살을 내려놓고 거기 모여 있네요.
가도 가도 허허한 벌판, 뺏고 빼앗기던 전장의 고지마다
검은 새 떼들 우우 몰려와 우짖던 그곳에서 꿈꾸고 있었
네요
우리가 우리로 다가가 손잡아 줄 때까지
손잡아 일으켜 토닥토닥 눈물로 안아 주기 기다리고 있었
네요

경남 창원 출생. 동국대 문예대학원 문예창작과. 1988년 『월간문학』 신인상 수상으로 등단. 시집 『연어 일기』, 『꿈꾸는 흙』, 『그늘 한 평』, 『포아풀을 위하여』, 『풀섶에 서면 내가 더 잘 보인다』, 『은빛 눈새』 등, 포토에세이 『취우산에서 10년, 그리고 1년』. 동국문학상, 시인들이 뽑는 시인상 수상. 한국문인협회 우리말가꾸기위원회 위원, 국제PEN·한국시인협회 회원. 〈유유〉〈현대향가〉 동인.

고영섭

고영섭의 시는 곳곳에서 우주의 이치와 인생의 고처高處를 드러내 보이며 생과 시가 함께 법어가 되고 법문이 되기를 소망한다. 다른 동인들의 시도 다 그러하지만 고영섭의 시에서 구현하고자 하는 향가의 미학성은 저변에서 한지에 스며든 수묵의 기운처럼 그윽하다.

시 한 수
하지
동치미
묘수
앗싸, 목련
돌아보다
병에게
칠가걸식七家乞食
일미칠근一米七斤
벚꽃 한생
단풍
감사

시 한 수

순금 같은 시 한 편 쓰고 나면은

한 달 동안 밥값은 한 것만 같고

가슴에서 뛰노는 시 한 수 읽으면

한 주 동안 행복한 날 누릴 것 같네

이런 시들 남들에게 전하게 되면

하루 동안 흐뭇한 날 보낼 것 같고

이런 시들 곁에 서서 듣고 물들면

온몸이 새털처럼 날을 것 같네

아아, 밥값 할 만한 시 어떻게 쓸까

가슴에서 뛰노는 시 어디서 불러올까.

하지

밤의 극한에서 낮이 시작되듯이

낮의 극한에서 밤이 시작되는 날

작은 나[有我]를 떠나 덜 큰 나[無我]를 만난다

동지로 향해 가는 내리막길에서.

동치미

흰 눈이 소용돌이로 휘몰아치다

잦아드는 풍경 보며 아침을 든다

새해 떡국 한 숟가락 입에 옮긴 뒤

소금물에 절여진 동치미 한 조각

베어 먹는 순간 배어 나오는 아아

맛없는 맛 무쇠 씹는 맛 화두의 맛

앎의 갖은 분별 녹여 숙성시켜 낸

삶의 온갖 신산 삭혀 발효시켜 낸.

묘수

아무도 눈길 주지 않는 곳에서

이름 없는 것으로 피어났지요

누구도 손길 주지 않는 속에서

모양 없는 몬*으로 자라났지요

막장에서 탁견이 솟아오르듯

궁지에서 묘수가 흘러나오듯

위기에서 찾아낸 절묘한 활로

절벽에서 열어젖힌 놀라운 세계

아아, 벼랑에서 기어오른 개미처럼

낭떠러지에서 솟아오른 최고의 반란.

*몬 : 우리말 '것'의 옛 말.

앗싸! 목련
— 추임새

몇 번을 뒤집어야 일어설 수 있나

몇 번을 맘 졸여야 꽃피울 수 있나

해저에서 끌어올린 들끓는 용암

마음에서 토해 놓은 진한 서러움

하이얀 봉오리로 틔워 올리며

사방을 휘저으며 내뿜는 몸짓

온갖 슬플 것 서러울 것 속상할 것

외로울 것 억울할 것 수치스러울 것

앗싸, 내려놓고 모두 털어 낸 순간

여기저기서 터지는 헛, 예에, 세상에.

돌아보다
— 원효 회고상廻顧像을 보고

고개 돌린 불상을 본다 어느 날

날 돌아보는 당신을 올려본다

당신이 돌아보는 날 돌아본다

내 안팎과 내 앞뒤를 열어 본다

당신은 날 얼마나 보아 왔을까

난 당신을 얼마나 올려봤을까

한때는 물이었던 구름을 보듯

한때는 구름이었던 빗물을 본다.

병에게

마스크로 벽을 세운 오늘 우리들

쭈뼛거리며 서로 나아가지 못하고

잘 모른 채 눈빛으로 인사하면서

이물감을 안고 사는 병자의 삶들

역병은 어디에서 오는 것일까

질병은 어떻게 물드는 것일까

멀어지지도 다가서지도 못하고

물리에서 심리로 깊어지는 병

아아, 사회적 거리가 키워 낸 너는

병의 몸체 껴안고 또 어디로 가니.

칠가걸식 七家乞食
— 일곱 집이 선을 쌓을 수 있는 법

일곱 집에서 반드시 밥을 빌어야

일곱 집이 선을 쌓을 수 있다고

붓다는 천이백오십 제자들에게

일제히 이렇게 가르쳤다네 또

넷으로 나눈 밥 한 그릇을 굶는 이

병든 이 걸식조차 못하는 이에게

또 자기 몫의 일곱 알을 천상에 던져

영가들이 먹을 수 있게 하였네

오오, 이게 바로 올바른 상생 경영

어디에도 주린 이 없는 극락세계.

일미칠근一米七斤
— 나는 미래를 고민하는 요리사인가

한 상 가득 차려진 두레밥상에

새록새록 스며 있는 우주의 기운

한 공기 그득 담긴 기름진 흰밥

한 톨 쌀에 배어 있는 일곱 근의 땀

식재료를 키우면서 쏟아 온 정성

음식을 만들면서 빚어낸 공력

음식을 만드는 성스러운 몸짓

돈으로 살 수 없는 무가의 보주

아아, 나는 고민하는 요리사인가

순간을 즐기려는 전략가인가.

벚꽃 한생
— 찰나의 행복

벚꽃 터널 아래 서면 황홀합니다

예닐곱 때 장독 뒤에 숨었다가는

술래 잡던 친구를 만나기도 하고

스무 살 때 전우를 만나기도 하죠

벚꽃 화엄 아래 서면 극락입니다

서른 해 전 이웃을 만나기도 하고

마흔 해 전 동료를 만나기도 하고

쉰 해 전 벗들을 만나기도 하죠

아아, 눈꽃 가득 피운 나무 아래 서면

또 한 생이 찰나처럼 흘러갑니다.

단풍
— 불타는 금요일에

한 해가 익어 가는 늦은 가을날

휘돌아 간 산책길의 언덕 위에서

단풍잎이 저렇게 불타는 것은

내 가슴도 불타고 싶은 것이다

붓다는 금요일마다 불타오르고

굽이치는 연구실의 책상 위에서

서책들이 이렇게 불타는 것은

내 마음도 불타고 싶은 것이다

아, 주중의 끝 날은 불타는 금요일

주말로 가기 전의 마지막 점화.

감사
— 보리수

위없이 바르고 평등한 깨침

이것을 얻은 뒤에 내가 했던 건

비바람과 햇빛을 가려 준 그에게

전신을 던져 펼친 감사와 경배.

경북 상주 출생. 1989년 『시혁명』, 1995년 『시천지』로 작품 활동 시작. 1998~1999년 월간 『문학과 창작』 추천 완료. 시집 『몸이라는 화두』 『흐르는 물의 선정』 『황금똥에 대한 삼매』 『바람과 달빛 아래 흘러간 시』 『사랑의 지도』, 평론집 『한 젊은 문학자의 초상』. 제21회 현대불교문학상(2016), 제16회 한국시문학상(2016) 수상. 2016년 『시와세계』로 문학평론 등단. 동국대 불교학과 교수.

주경림

주경림은 신성하고 거룩하며 아름다운 것들에 다정한 시선을 보낸다. 그 시선 속에서 이들은 선한 파장과 아우라를 독자들에게 선사한다. 우리의 시선이 닿는 곳이 곧 우리의 마음자리라면 그의 시는 이와 같은 그의 마음자리의 반영이다.

뻐꾹뻐꾹 뻐꾹채
강화유리 자파현상
讚 방산 스승
부처님 공부시간, 한 컷
열한 개의 꽃송이
바람 헌화가
빗소리 새장
공자의 열린 음악회
연잎에 싼 잉어
문자도 '忠'
고슴도치의 오이 서리
청자 미인

뻐꾹뻐꾹 뻐꾹채

뻐꾸기가 울면 피는 붉은 보라꽃, 뻐꾹채
남의 새끼 밀쳐내고 슬쩍 알을 낳는 처지가 서럽지요
제 자식을 제 손으로 길러 보지 못하는 슬픔인가요
슬픔의 꼭지가 빠져 터져 버린 발화.

강화유리 자파현상

드럼세탁기 유리문이 박살났다
강화유리는 일반유리보다 강도가 다섯 배나 높아
외부 충격에는 잘 견디는데
피로가 쌓이고 쌓이면 저절로 깨질 수 있다니,
깨진 조각조각마다 반짝인다
사금파리의 눈물인가, 아니 경쾌한 웃음?
기쁜가 보다 해방이야
내가 깨지자 세상의 창도 그렇게 무너져 내렸다.

讚 방산스승

초여름, 연녹색 바람이 불던 유월
휠체어를 밀다 스승님의 뒷모습을 보았어요
야윈 목에 햇무리굽 다완의 머리,
곧은 자세는 말쑥하고 단정했어요
휠체어는 연분홍 연꽃과 푸른 연잎들의 꽃자리,
연화대좌에 앉은 모습 그대로가 「염불서승도」*
여느 때처럼 「노자의 블랙홀」을 읊조리며
물결구름을 타고 오르셨어요
아이구, 저희가 슬퍼해도 뒤돌아보지 마세요
그 블랙홀은 은하 3만 리가 아니라** 바로 우리 마음 안 우주니까요.

*단원檀園 김홍도金弘道(1745-1806)의 「염불서승도念佛西昇圖」
**박제천, 『노자의 블랙홀』 p.56

부처님 공부시간, 한 컷

신륵사 극락보전, 아미타 삼존불상의 후불탱화에서
아미타불이 설법 중인 시간,
앞줄에는 사천왕, 제석, 범천, 여러 보살들이
두 손을 모으고 다소곳이 경청하고 있다
뒷줄의 나한들은 발꿈치 들고 밀치며 그림책을 들여다본다
맨 뒷줄의 팔부중들도 졸다가 눈을 번쩍 뜬다
바로 교과서 밑에 만화책을 숨겨 읽던 내 모습,
앞줄의 모범생들은 미동도 없이 경건하고
쯧쯧, 딴짓거리에 열중인 뒷줄의 눈썹 하얀 나한들,
바로 내가 몸담고 있는 이곳 세상이다.

열한 개의 꽃송이

어질고 자비로운 너,

사촌이 땅을 사면 배 아파하는 나,

속마음은 슬퍼도 까짓것 하며

하얀 이를 드러내고 싱긋 웃기도 한다

착하고 악함 마다않고

흐드러진 웃음꽃,

석굴암 본존불의 달빛 광배 아래

피어난 열한 개의 꽃송이들

아름다워라, 때로는 분노해도 자비로움을 잃지 않는

십일면관음보살.

바람 헌화가

바람이 몹시 불던 봄날,
하양 연분홍 노란 꽃잎들이 우수수 쏟아져 내렸다
바람칼이 휙 지나갔나
"자, 꽃 받아요."
정원에서 가장 크고 화려한 꽃,
아마렐리우스 세 송이 달린 실팍한 꽃대가 꺾였다
불꽃이 떨어지자 내 마음의 불길도 꺼졌다
바람도 딱 멈추었는데,
번쩍, 바람칼이 허공을 베자 천둥울음이 터졌다
여름이 달려온다.

빗소리 새장

빗소리가 하늘에서 땅까지

빈틈없이 금을 그어요

주룩주룩 방음벽을 둘러쳐요

한참을 빗소리에 갇혀 있다 보니

비와 비 사이에 틈이 보였어요

눈곱재기창으로 먹구름이 가득 밀려와요

빗소리 듣는 마음은 들창으로 크게 열려

먹구름을 타고 카시오페이아 별자리까지 날아요

스르륵, 비와 비 사이에

우주가 광활하게 펼쳐져요.

공자의 열린 음악회
—「고사인물화보첩」*

살구꽃 다문다문 피기 시작한 고목 아래
의관을 갖춘 공자가 앉아 거문고를 타며 노래를 부른다
괴석과 늙은 소나무, 제자들이 두 손 모으고 듣는다
공자는 50대에 잠깐 관직에 올랐다가
다시 등용되지 못해
살구나무 아래에서 제자들과 거문고를 타며
『서경書經』, 『예기禮記』를 지었다
갖은 수모와 불행한 일을 당하면서도
기꺼이, 거문고를 타며 노래를 불렀다니
공자는 당대 최고의 지식인이자 멋진 풍류객!

*장득만(1684-1764)이 그린 「공자가 행단에서 예악을 가르치다」

연잎에 싼 잉어

동자가 연잎에 싼 잉어를 받쳐 들고 산신을 만나러 간다*
걸음걸이마다 연잎이 푸르게 넘실거리고
팔뚝만 한 잉어에서는 물비늘이 뚝뚝 떨어지는데
어찌, 나와 보시지 않겠는가.

*「봉래헌수도蓬萊獻壽圖」: 1920. 조선말 역관 출신 서화가 오경석의 손자 오일영(1890~1960)의 작품.

문자도 '忠'

스펑 나무뿌리가 자라
앙코르 유적지 타프롬 사원 지붕을 뚫고
마그마처럼 돌벽을 타고 땅으로 흘러내렸다
뿌리는 마음 '心'자로 앉아 있다
나무가 사원을 무너뜨린다고들 말하지만
누가 누구를 무너뜨릴 수 있으랴
나무는 사원을 촘촘히 끌어안고
사원은 부서져라 나무를 몸속에 들이고 있다
함께, 한 몸 되어 하늘로 오르려고
땅심이 폭발적인 에너지가 될 때를 기다린다.

고슴도치의 오이 서리
— 심사정의 『화접초충화첩花蝶草蟲畫帖』 3면

고슴도치가 오이 밭에서 도르르 굴러
오이를 등의 가시에 꽂았다
자기 몸집보다 긴 오이를 짊어지고 무거워
주둥이가 땅에 닿을락 말락, 머리를 들지도 못한다
평생 벼슬길에 오르지 못한 심사정의 운명을
고슴도치가 등에 지고 간다
스스로 제 발등을 찍은 슬픔이 무거워
조그만 발이 뒤뚱거린다
하지만, 혹시 누가 아니
오이꽃에 매달린 꼬투리들이 넝쿨째 굴러들어 올지.

청자 미인

곱게 빗어 여덟 꽃잎으로 틀어 올린 가채머리
앳된 갸름한 얼굴에 초승달 눈썹
가늘고 긴 목선이 흘러내려 조븟한 어깨
아리잠직한 상체에 잘록한 허리
그 허리를 받쳐 주는
열두 폭 치마가 풍성하다
살짝 보이는 무지기 속치마* 밑으로
하얀 버선코가 보일 듯 말 듯,
그윽해라, 엷은 비췻빛 향기가 감도는
청자참외모양병.

*무지기 속치마 : 조선시대 상류층 여인이 예복을 입을 때 겉치마가 자연스럽게 넓게 퍼지도록 하기 위해 3~5층의 허리를 달아 만든 속치마

서울 출생. 1992년 『자유문학』 등단. 시집 『씨줄과 날줄』 『눈짓나무』 『풀꽃우주』 『뻐꾸기창』 『법구경에서 꽃을 따다』(e북), 시선집 『무녀짐 혹은 어울림』 『비비추의 사랑편지』. 문예진흥기금 수혜, 한국시문학상, 중앙뉴스문학상, 한국꽃문학상 대상 수상. 〈유유〉 〈현대향가〉 동인.

/해/설/

격세유전의 문화적 밈
혹은 '가을 문명'의 한 소식

정효구
(문학평론가·충북대 교수)

| 해설 |

격세유전의 문화적 밈
혹은 '가을 문명'의 한 소식

정효구
(문학평론가, 충북대 교수)

1. 글을 시작하며

2017년 3월에 발족한 '향가시회'는 2018년 3월에 『노래 중의 노래』라는 제목을 붙여서 "현대향가 제1집"을 세상에 내놓았다. 이 시집이 우편으로 배달되던 날, 나는 아득하게만 여겨지던 고대 신라국의 향가가 지금 이 땅의 '현대시인'들에 의하여 호명되고 재현된 것을 일종의 '사건'으로 마주하면서 그 현상을 진단하고 거리감을 조절하려 애를 썼다. 그 현상에 대한 이해는 이들의 활동이 진행되고 발전됨에 따라 여전히 얼마간의 틈을 남겨 놓기는 했지만 나름대로 내적인 해결을 본 셈이고 거리감의 조절도 성공적으로 이루어졌다.

향가시회는 이번으로 어느덧 "현대향가 제6집"을 출간하게 되었다. 의욕과 간절함, 추진력과 진정성, 뜻과 원력이 느껴지는 향가시회의 그간의 활동은 이제 단순히 각 시인의 작품에 대한 해설을 뒤에 덧붙이는 차원을 넘어서서 그 전체적인 의미를 진단하고 부여할 시점이 되었다고 생각한다. 이에 나는 '향가시회'의 다소 도전적이면서도 신선한 그간의 활동상과 결실을 몇 가지 측면에서 심층적으로 의미화해 보고자 한다.

여기서 몇 가지 측면이란 문화적 진화사의 관점으로 읽어 보는 것, 유기체로서의 문명사의 전개과정에 담긴 이치로 파악해 보는 것, 그리고 인간사의 내외적 욕망론으로 접근해 보는 것을 뜻한다.

2. '현대향가'로 몸을 바꾼 '진화사'의 한 사건

호모 사피엔스인 현생인류에게 진화는 생물학적 차원과 더불어 문화적 차원에서도 이루어진다. 영국의 진화생물학자인 리처드 도킨스에 의하여 널리 알려지고 놀라움이 섞인 공감 속에서 적극적으로 수용된 '주체'로서의 유전자의 꿈과 욕망과 권력에 대한 설명은 인간들이 그동안 당연하게 여겨 온 자아의식과 주체의식을 무색하게 만든 획기적인 이론이었다. 그러나 잘 생각해 보면 도킨스의 유전자 주체 이론은 인간의 자아의식이야말로 인연법에 의하여 가설된 '의식'의 형태에 불과할 뿐 '자아'란 본래 없는 것이라는 불교적 세계관과 인간관의 한 자락을 떠올리게 한다.

이런 관점에 기대어서 볼 때 호모 사피엔스인 우리들은 저도 모르는 유전자의 기획과 욕동에 의하여 다양한 활동상을 지금, 여기에서 연출하는 것이다. 더욱이 그것은 생물학적 차원뿐만 아니라 문화적 차원에서까지도 전개되고 있는 것이다. 이와 같은 유전자의 거대한 기획과 욕동 가운데는 일반적인 유전과 조금 구별되는 이른바 '격세유전隔世遺傳'이라는 것이 있다. 격세유전이란 말 그대로 세대를 건너뛰어 유전이 이루어지는 일이다. 잊혀졌다고, 사라졌다고 생각되는 과거의 유전자가 강력한 힘을 갖고 시간적 격차 속에서 불현듯 출현하는 것이다. 이와 같은 격세유전은 유전자의 생존에 유익한 하나의 방법이라고 볼 수 있다.

다들 아시겠지만 문화적 차원의 유전자를 특별히 '문화적 밈'이라고 부른다. 인간만이 특별하게 창조하고 융성시키는 문화의 어마어마한 장 속에서 이 문화적 밈은 활발하게 활동한다. 공시적·통시적 경계와 다양한 여러 영역 간의 경계를 넘나들면서 이는 생물학적 유전자보다 더 가벼운 몸으로 자유분방하게 이주하고 전달하며 소통한다. 통상적으로 생물학적 유전자의 유전 활동이란 이미 우리에게 익숙한 지식 가운데 하나가 되었지만 문화적 밈의 활동상은 그에 비하여 다소 낯선 것이 사실이다.

그러나 깊게 보면 문화도 실은 생명체로서의 인간의 생명적 현장이자 현상이다. 따라서 이런 견해를 갖고 보면 문화적 밈의 유전적 활동 역시 인간 생명체가 만들어 가는 길고 절실하며 절박하기까지 한 유전적 생존사生存史의 한 양태일 뿐이다. 어쨌든 문화적 밈의 유전적 활동에 대한 설명은 호모 사피엔스가 이 지구별에서 살아가며 창조하는 문화의 화려한 장과 그 현상을 이해하는 데 상당한 도움을 준다. 그리고 향가시회에서 신라국의 향가를 지금, 이곳으로 불러내어 '현대향가'로 계승하고 재현하는 일의 속사정을 깊이 이해하게 한다. 아니, 신라국의 향가가 세월을 뛰어넘어 미래의 어느 지점에서 '부활'하는 중생重生의 현실을 이해하게 한다.

격세유전! 그것은 향가시회가 신라국의 향가를 불러내고, 신라국의 향가가 미래의 어느 시점에 불시착하듯 착지하는 일을 설명해 주는 원리로서 매우 적절한 개념이다. 더군다나 지금처럼 호모 사피엔스가 생물학적 유전성보다 더 큰 범위와 비중을 두고 왕성하게 경작해 나아가면서 인간 생명체의 세계를 확대하고 강화시키는 것이 문화의 세계라고 할 때 문화적 격세유전의 원리와 현상은 더 큰 관심을 갖고 주목해 볼 만한 대상이다.

그동안 향가시회에서 발간한 총 6권의 "현대향가"는 각 호마다 특별한 제목을 달고 있다. 제1집은 『노래 중의 노래』를, 제2집은 『가사 중의 가사』를, 제3집은 『시가 중의 시가』를, 제4집은 『송가 중의 송가』를, 제5집은 『가요 중의 가요』를, 그리고 제6집은 『고대의 노래 현대의 노래』를 각각 그 제목으로 삼고 있다.

이와 같은 제목이 가리키는 바를 읽어 보면 향가시회는 신라국의 향가가 지닌 문화적, 예술적, 문학적 수준을 매우 높이 평가하고 있다는 것이 드러난다. 말하자면 그들은 신라국의 향가를 최고의 유전자 형질이 깃들고 발현한 문화, 예술, 문학으로 파악하고 있는 것이다. 이러한 향가시회의 견해에 대하여 다른 사람들은 동의를 할 수도 있고, 그렇지 않을 수도 있다. 그러나 중요한 것은 향가시회에서 신라국의 향가를 그렇게 평가하고 받아들이고 있다는 점이다. 또한 과거의 향가를 지금, 이곳에 불러내어 그들과 한 몸이 되고 싶은 강한 그리움과 사랑, 사모와 열망을 품고 있다는 것이다.

향가시회의 이러한 마음자리는 과거의 향가를 이 시대에 무난하게 안착시키는 인因으로서의 토양이자 연緣으로서의 컨텍스트이다. 다시 말하면 향가시회는 이전의 향가가 거리감을 극복하고 현재, 이 자리에서 재탄생할 수 있도록 수용적이고 안온한 에너지장을 마련한 것이며, 과거의 향가는 격세유전의 과제를 안고 미래의 어느 때를 기다려 오다가 지금 이곳의 환경을 만나 중생하게 된 것이다.

격세유전은 선형적인 유전적 지형도를 좀 더 역동적이며 복합적인 지형도로 전변시켜 생태계를 건강하게 만드는 요인일 수 있다. 특히 문화생태계는 이 격세유전하는 문화적 밈의 예측 불가능한 활동과 활약상으로 인하여 그 진폭을 넓히고 다채로운 스펙트럼을 창조할 수 있다.

앞서 언급했듯 지금, 이곳에서 호모 사피엔스라는 인간종은 물론 대한민국의 우리들의 살림살이는 생물학이 문화를 지배하기보다 문화가 생물학을 주도하고 지배한다고 할 수 있을 만큼 이른바 문화가 융성해지고 그 위력이 대단한 시대 속에 있다. 현실이 이러하기에 격세유전하는 문화적 밈의 출현은 문화의 영역 곳곳에서 더 빈번하고 신선하게 나타날 수 있다고 생각해 본다. 문화는 자유로운 영혼의 일이고 인간적 상상력은 무한성을 가리키는바, 문화적 밈의 이동과 소통은 그것을 반영할 터이기 때문이다.

신라국의 향가가 지금, 이곳에서 환대를 받고 중생을 하는 것, 그것은 바로 문화적 밈이 격세유전하는 현실의 한 양태를 사건적으로 보여 주는 일이라고 할 수 있다.

3. 문명사의 '가을'이 맞이하는 전회轉回의 기호

우주, 자연, 지구, 인류, 문명…… 이와 같이 크고 작은 모든 세계와 영역들을 서로 한꺼번에 연관시켜 사유하다 보면 그 속엔 어떤 이치나 법칙이 있을 것이라는 기대를 품게 된다. 이런 이치와 법칙을 파악하는 일은 그야말로 한 세상과 세계를 어둠 속에서 밝음 속으로 이끌어 내는 각성의 행위와 같다.

우리는 이해함으로써 편안해질 수 있다. 일체의 불안은 몰이해와 비이해 그리고 왜곡된 주관적 해석으로부터 온다. 이와 같은 점을 생각할 때 나는 특별히 불교에서 말하는 중생적 고통의 원인인 '탐진치貪瞋癡' 삼독 가운데서 '치癡'의 의미 앞에 오래 머무는 시간을 가져 본다. 호모 사피엔스는 그 이름 속에 '사피엔스'라는 변별성을 수식어로 붙여 놓고 있지만 실로 그 사피엔스의 능력은 앎에 있어서 미약하기만 하다. 우리가 아는 것은 너무나 적은 것이다. 그런 만큼 우리들이 지닌 '치'의 크기와 무게는 상상 이상으로 크고 무겁다. 호모 사피엔스인 우리들은 이토록 모르는 것들의 크기와 무게 때문에 무엇이든 자신의 마음대로 이루어지기를 바라는 '탐심'의 본능에 지배된다. 그리고 어떤 일이 자신의 탐심대로 이루어지지 않으면 저도 모르게 화가 올라온다. 그러니 호모 사피엔스인 우리 인간생명체들은 무엇보다 '치'의 상태를 극복해야 한다. 존재가 밝아져서 무지와 무명을 벗어나야 하는 것이다. 그러나 그 길은 어렵기만 하다. 호모 사피엔스가 이룩한 진화사 전체를 '빅 히스토리'의 관점으로 조망해 보아도, 그것은 성취하기 어려운 난제로 남아 있다.

하지만 이런 가운데서도 우주사, 자연사, 지구사, 인간사, 문명사를 성주괴공成住壞空, 생주이멸生住異滅, 생로병사生老病死로 파악하는 불교의 인식체계는 매우 많은 문제를 해결하게 한다. 또한 일체의 현상계를 음양론적인 관점으로 파악하는 음양론 혹은 음양오행론이나 이를 생장수장生長收藏의 순환하는 길로 파악하는 역易 사상은 많은 문제를 밝게 해 준다.

이런 두 가지 인식체계에 대한 믿음을 바탕으로 삼는 가운데, 향가시회가 지금, 이곳에서 신라국의 향가를 호명하고 불러내어 "현대향가"로 재현하는 활동을 진단해 보면 그 심층이 적지 않게 밝혀질 것이다. 그것은 또한 우리가 살고 있는 현시대와 그 문명을 진단하는 데도 큰 역할을 할 것이다.

지금 우리가 살고 있는 시대와 문명은 '양성陽性 문명'의 끝 지점과 '음성陰性 문명'의 첫 지점이 공존하거나 교체되는 시절에 놓여 있다고 할 수 있다. 달리 말하면 입춘부터 시작된 물기운의 상승기가 끝나고 입추부터 시작되는 물기운의 하강기가 시작되는 어느 지점에 있다고 절기적 비유로써 말해 볼 수 있다. 이를 다시 더 부연하면 외형적 생장生長의 시기가 마무리되고 내면적 수장收藏의 시기가 도래한 첫 지점에 처해 있다는 말을 할 수 있다. 이는『우주변화의 원리』에서 한동석 선생이 말

한 이른바 '금화교역金火交易'이 일어나고 있는 지점이다. 이런 현실을 현재의 대중적인 신어로써 표현해 본다면, 우리가 살고 있는 시대와 문명은 전반부의 하드웨어와 익스테리어의 상승과 확장의 시대가 마무리되고 후반부의 소프트웨어이자 인테리어의 꿈과 그 질적 고양의 시대가 시작한 것이라고 말할 수 있다.

이런 새로운 시대와 문명사의 징후는 우리가 사는 전 분야에서 맹아적 힘을 지니고 그 실체를 서서히 드러내고 있다. 향가시회가 신라국의 향가를 환대하고 재현하면서 "현대향가"라는 이름의 시 양식을 창조하는 행위는 이런 시대와 문명사적 징후의 한 발현양상이라고 볼 수 있다.

향가시회의 "현대향가" 창작활동이 위와 같은 의미를 지니는 구체적 양상임은 아래와 같은 몇 가지 측면에서 특별히 드러난다.

첫째는, '노래'의 발견이다. 이들의 "현대향가"에서 '노래'란 '육성으로 읽는 시'이다. 여기서 잠시 육성으로 시를 읽는다는 말의 뜻을 생각해 보아야 한다. 육성으로 시를 읽는다는 것은 그 일에 수렴하는 형식의 절제가 깃들어 있음을 강조하는 것이다. 수렴하는 형식의 절제란 4구체, 8구체, 10구체와 같은 향가의 정형성의 재발견, 그리고 그 속에 담긴 리듬감과 그 의식의 재발견, 또한 결구의 차사에 해당되는 감탄어 및 감탄사의 재발견 및 그 의미와 같은 것을 가리킨다. 나는 이들을 모두 합하여 언어와 의식에 담긴 '율律'을 발견하고 중시하는 일이라고 해석한다. '율'은 수렴하는 가을 문명의 대표적 기운이자 속성이다. 과일의 외피가 만들어지듯 시의 외피가 만들어지는 일이 여기서 발생한다. 그 외피는 안쪽에 있는 과일의 속살을 준비하고 키워 가듯, 시의 내질內質을 준비하고 키워 가는 성숙의 길인 것이다.

둘째는 '가사'의 재인식이다. 가사란 노래의 내용이다. 노래의 음악성과 추상성에 비추어 본다면 가사란 매우 산문적이고 해설적이며 구체적이다. 절대음악을 찬탄하는 사람들이 표제음악을 번거로운 것으로 생각하듯, 가사는 노래의 음 그 자체에 비하면 부록과 같은 인간적 욕망의 덜 정제된 산물일 수 있다. 이와 같은 가사는 인간의 욕망이 확장되고 강화될수록 그 산문성과 직설성을 더해 간다. 즉 가사의 '생장'이 일어나는 것이다. 그리하여 그 격한 지점에서 이들은 장광설이니 요설이니 하는 지적을 받게 되기도 한다. 즉 생장의 과잉이 빚어내는 넘침과 잉여에 대한 경고를 받게 되기도 하는 것이다.

지금, 우리의 문명과 문화는 생장 에너지의 성장과 확장이 극한지점에 와 있다고 볼 수 있다. 일반 언어는 물론 시의 언어까지도 생장의 극한지점 혹은 한계지점에 이르렀다고 말해야 할 만큼 무성해졌다. 하지만 생명체 각각은 물론 지구도, 자연도, 우주도 오로지 생장의 길만을 일방적으로 갈 수는 없다. 일체는 어느 지점에서 생장의 일방성과 선형성을 멈추고 그 길의 방향을 복귀, 귀가, 반본返本으로 불리는 쪽으로 전회시켜야 한다.

이렇게 볼 때 향가시회에서 현대향가를 창작해 보고자 하는 것, 그 가운데서도 가사를 재인식하여 가사의 형식적 절제와 정신적 고양감을 성취하고자 한 것은 전회의 행위이다. 그들은 육성으로 읽는 시라는 의미에서의 '노래'를 의식하면서 가사를 지었고 그 '노래'를 통한 승화의 높이를 사유하면서 자발적 수렴과 절제가 깃든 가사를 만들었다.

셋째, 송가頌歌의 재발견이다. 송가란 대상과 세계에 대한 존중과 외경, 찬탄과 감동의 마음을 담아서 표현하는 노래이자 시가이고 가요이다. '송頌'의 경지는 한 존재와 인간의 진선미를 구체적으로 진실함, 숭고함, 거룩함, 아름다움 등을 내적으로 보고 기리는 것이요, 그 앞에서 자신을 방하착하며 대상을 높이 들어 올리는 숭고한 행위이다.

'생장'의 지배를 받는 '양성 문명'의 극단에서 일어나는 또 하나의 두드러진 인간적 특성은 분화와 확산의 양태인 개체화 현상이 극단에 도달한다는 것이다. 마치 여름날의 나무들이 그 이파리를 양적으로 최고의 숫자에 달하게 하면서 서로가 개체화된 분화 속의 타자가 되듯, 인간들은 개체로서의 최소원자와 같은 존재가 되어 대립과 경쟁 속의 타자가 되는 것이다.

'음성陰性 문명'의 시작인 가을 문명은 이런 분화와 개체화의 길을 멈추고 안쪽으로 깊어지며 그쪽을 향하는 전회의 현상을 드러내는 것이다. 이를테면 인간 생명체는 멀어졌던 타자를 재발견하기 시작하고 그것은 환대, 진심, 돌봄, 연대, 소통 등과 같은 새로운 관념과 가치를 만들어 내는 일로 이어지는 것이다.

'송가'의 재발견은 이와 같은 타자인식과 연관돼 있다. 타자

앞에서 하심下心하며 그를 제대로 보고 칭송하면서 외경하는 것, 이것은 인간존재가 가을 문명 속에서 보여 주는 '수렴'의 내적 전변 상태이다.

나는 지금까지 향가시회에서 현대향가를 창작한 속뜻을 염두에 두면서 이들이 '수렴'하는 '가을 문명'의 징후를 보여 주는 것이라고 이야기하였다. 그들은 이것을 "현대향가"의 제1집부터 제6집까지의 시집 제목에서 크게 힘주어 앞표지에 드러내었거니와 그것은 구체적으로 신라국 향가야말로 '노래 중의 노래', '가사 중의 가사', '시가 중의 시가', '송가 중의 송가', '가요 중의 가요', '고대의 노래 현대의 노래'라는 것이다. 그리고 그들이 재발견하여 재현하고자 하는 '현대향가'는 이런 신라국 향가의 빛남을 그대로 이어 가고 싶다는 것이다.

나는 앞서 '수장'의 '음성 문명'에 대하여, 그리고 '수렴'하는 '가을 문명'에 대하여 여러 가지 방식으로 설명하였다. 좀 더 실감을 주기 위하여 한 가지만 더하여 설명해 본다면 이러한 문명의 길은 나무들이 무성한 이파리들을 떨구고 안쪽을 준비하기 시작하는 입추 이후의 '하강적 성숙과 초월'의 길이자 '안쪽으로의 성숙과 초월'의 길이다. 생장의 길의 전회는 이런 수장의 신비를 열어 간다.

4. 상징계의 과잉을 조절하는 실재계의 우주적 욕동

욕동은 인간뿐만 아니라 생명체 전체, 아니 지구나 우주까지도 그들의 길을 가게 하는 원천이다. 이 글의 시각으로 채택된 진화론의 논리로 말한다면 욕동은 진화사의 원천이고, 역易 사상에 입각한 음양론으로 말한다면 욕동은 태극의 생심과 조화를 넘어서 무극의 무심과 공성空性을 향하는 장대한 에너지원이다. 전자가 현상계의 표면을 설명하는 데 유익하다면 후자는 현상계뿐만 아니라 그 이면까지도 읽어 보는 데 도움을 준다.

어쨌든 모든 존재는 욕동을 원천으로 삼아 길을 간다. 인간 또한 예외가 아니어서 인간들도 욕동의 추동 속에서 그들의 길을 간다. 이 길을 가는 동안 인간들은 몇 단계 혹은 몇 차원의 욕동의 양상을 만들어 내고 경험한다. 그것을 잘 설명해 줌으로써 20세기를 넘어서 지금까지도 많은 사람들이 언급하고 의지하게 만든 정신분석학자가 자크 라캉이다. 라캉은 우리들의 욕동을 상상계, 상징계, 실재계라는 세 가지 세계로 상정하여 설명한다. 사회 이전의 단계인 상상계에서 우리는 무엇이든 내 마음대로 이루어지는 절대이자 낙원의 경험을 한다. 절대란 상대가 없다는 것이다. 어머니는 있지만 그 어머니는 나와 분리되지 않는 한 몸이란 점에서 상대가 아니다.

그러나 우리들은 아버지의 출현으로 표상되는 상징계로 나아가지 않을 수 없다. 마침내 사회가 형성되고, 언어와 상징을 공부해야 하고, 그 사회적 언어와 상징의 체제 아래서 언어를 사용하는 상징적 사회인으로서의 삶을 영위해야 한다. 이런 상징계는 편리하지만 구속적이다. 그리고 상당히 무섭기도 하다. 사회성 동물인 인간들의 사회적 삶은 이런 상징계를 공부하며 사는 일이요, 그 속에서 성공을 도모하는 필사적이며 인위적인 과정이다. 그 조건이자 운명이고 생존을 위한 문명이 자 방법론이 되는 것을 익히지 못할 때 우리에게 다가오는 것은 사회적 죽음이다.

나는 문명사의 전반부인 생장의 과정에서 이런 상징계가 크게 경직돼 있으며 그 정도도 양적으로나 질적으로 치성하다고 생각한다. 또한 이 상징계가 우리들의 삶에 아주 지배적인 영향을 미친다고 생각한다. 인간들의 사회적 자아 구축을 위한 욕망과 사회적 성공을 위한 욕망은 이때에 가장 대단한 수준에 도달하는 것 같다.

하지만 상징계의 번성과 영향력은 인간적 영역 안에 제한된다. 인간사회를 벗어나면 상징계의 영향력은 무력하다 할 만큼 약화된다. 인간의 언어와 상징, 인간적 가치와 해석, 인간들의 욕망과 기호는 더 이상 여기서 크게 유효하지 않다.

이때 우리는 고요히 우리가 사회적 존재이기 이전에 자연적 존재임을, 언어적·문화적·상징적 존재이기 이전에 우주적·실존적·무위적 존재임을 떠올리게 된다. 인간들의 사회사 이전에, 혹은 그 저변과 이후에 자연으로서의 인간, 우주적이며 실존적인 존재로서의 인간이 있음을 느끼는 것이다.

실재계는 이런 인간 존재의 실상에 의하여 직관되고 나타난다. 법성, 불성, 도심, 우주심, 신성한 실재, 영원성, 무극, 무위자연, 일심, 공성 등으로 불리어도 무방한 실재계는 인간들의 사회사적 행위와 무관하게 살아 있으면서 그 존재를 알린다. 인간적·사회적 언어와 상징으로 규정될 수 없는, 이른바 '무유정법無有定法'의 세계가 있다는 사실을 알리고 있는 것이다.

이전의 문명에서 대단하게 치성했던 상징계의 과잉은 가

을 문명에 이르러 조절된다. 인간들은 사회사의 상징계적 삶보다 더 근원적이고 근본적인 세계를 만나고자 하고, 그를 통해 자신들의 정체성을 더 실상에 걸맞게 재구축하고자 한다. 실재계는 본래 그동안 고급예술과 고급문화 속에서 문득문득 그 모습을 드러내며 상징계에 속박된 사람들에게 새 소식을 알리곤 해 왔던 것이다. 그러나 인간사회가 가속도를 붙여 가며 성장하고 복잡해지고 그 영향력이 강해지면 이런 실재계의 소리는 잘 청취되지 않는다. 분명히 소리는 있지만 상징계의 소리가 이들을 덮어 버리는 까닭에 그 소리를 듣기가 어려운 것이다.

향가시회의 현대향가 창작자들은 신라국의 향가를 통하여 이와 같은 실재계를 불러내어 만나고자 하는 것으로 여겨진다. 그리고 그것을 널리 드러내어 공유하고자 하는 것으로 생각된다. 아래의 인용문은 이 점을 분명하게 해 줄 것이다. "현대향가" 제1집의 서문 중 일부를 옮겨 본다.

> 오늘 우리 "현대향가" 동인들은 고·중세 이래 이 땅 시인들의 시 형식과 시 정신을 조술祖述하고 계승하여 인공지능 시대에 '자연지능', 즉 '지혜지능'의 노래로 불러 보고자 한다. 그리하여 인공지능이 스스로 인공지능을 만들어 내는 특이점特異點을 넘어서지 못하는 이때에 우리는 지혜지능, 자연지능인 불성佛性 인간으로서 최고의 가사이자 최고의 노래인 향가를 "현대향가"의 이름으로 재현해 내려 한다. 전통을 담아낸 현대와 현대를 넘어서는 전통을 아우르며 '현대향가', 즉 '오늘의 향가'를 불러

보고자 한다.

위의 인용문에서 언급되고 있는 인공지능은 상징계의 최상품이다. 인간이 그들의 두뇌를 대신하여 그들의 두뇌로 만들어 낸 모든 언어와 상징들을 학습하게 하고 그것을 융복합해 내게 한 것이 인공지능이다. 이는 다시 말하건대 상징계의 문명품 가운데 최상품이다.

이 상징계의 거물이자 괴물인 인공지능 앞에서 향가시회 동인들은 아연 긴장하면서 '자연지능' 및 '지혜지능'으로 표상되는 '실재계의 능력'을 찾아서 발현시키고자 한다. 그리고 이들의 다른 이름이자 구현체인 '불성佛性'과 '불성佛性 인간'을 사모하며 그에 도달하고자 한다.

불성과 불성인간, 그것은 실재계의 명칭이자 이를 직관하고 내면화한 호모 사피엔스의 명칭이다. 여기서 갑자기, 이런 실재계를 인식하지도 못하고 삶 속에 품고 살지도 못하는 사람들을 가리켜 마르틴 하이데거가 '궁핍한 시대의 인간들'이라고 한 것이 떠오른다. 궁핍한 시대! 그것은 상징계가 우리의 삶 전체를 지배하고 실재계가 잊혀진 시대이다. 우리들의 본향이자 본처인 실재계를 모르거나 외면함으로써 이 땅의 많은 사람들은 영리하나 불안한 삶을 살아가고 있다. 앞의 인용문은 이런 전언을 그 속에 담고 있다..

신라국의 향가가 지닌 실상은 연구자들에 따라 다르게 탐구되고 이해되고 전달된다. 그러나 여기서 중요한 것은 실상 그 자체라기보다 향가시회의 동인들이 이를 어떻게 받아들이고 있느냐 하는 점이다. 그렇게 볼 때 향가시회의 동인들에게 신라와 향가는 실재계를 품고 있는 세계로 여겨진다. 그들은 앞의 인용문뿐만 아니라 다른 서문들, 그리고 구체적인 수록 시 작품들에서 신라와 향가로부터 실재계를 보고 그것을 재현하고자 노력하고 있다.

실재계는 상징계의 과잉이 빚어낸 문제들을 해결하여 인간과 인간사의 균형을 회복하고 그 본모습을 지키게 하는 인간사 속의 우주적 활동이다. 지금 우리들은, 너나 할 것 없이 사회적 삶 속의 좁고 딱딱한 상징계에 갇혀 과열되고 과민해진 삶을 살아가고 있다. 이런 현실 속에서 실재계의 소식은 천지와 우주의 부동심과 평등심, 무한함과 무변함을 보게 하는 거대한 무언의 창이다. 향가시회 동인들은 이 점을 함께 느끼며 창작의 길을 가고 있는 듯하다.

5. 제6집의 시인들과 나눈 대화의 단장

"현대향가" 제6집인 이번 호에 작품을 수록하면서 참여한 향가시회 동인은 이영신, 유소정, 윤정구, 이용하, 정복선, 김현지, 고영섭, 주경림, 이창호 시인이다.

이영신은 구체적인 삶 속에서 만나는 자연과 자연물들을 자연스럽게 시의 공간 속으로 불러내고 불러들이면서 세상의 모든 경계를 해체하여 일심의 장을 탄생시키는 데 전념하고 있다. 그가 일심의 장을 만들어 내는 과정에서 '차사'의 부분은 특별히 큰 기여를 한다.

유소정은 향가의 형식을 두루 원용하면서 각각의 표현과 표현 사이에 탄력 있게 튀어 오르는 휴지부, 쉼표, 여백, 묵언 등을 살려 내는 독특한 어법이자 수사학을 구사하고 있다. 이와 같은 그의 시는 노래를 넘어서서 춤과 같은 행동으로 변주될 때까지도 견딜 수 있는 고밀도의 에너지를 내장하고 있다.

윤정구는 하나 된 마음이 살아 있던 과거의 여러 장면들을 회상하는 가운데서 이들이 현실세계의 분리되고 대립된 마음으로 인하여 어떻게 파괴되고 왜곡되었는지를 안타까운 심정으로 드러내고 있다. 그러면서 궁극적으로는 처용의 서사와 신라인들의 일상에서 보여 주는 초월의 삶과 무아의 삶을 찬탄하며 그리워하고 있다.

이용하는 '사랑'의 마음을 한가운데 두고 진지하게 사랑론을 시 속에서 전개한다. 그는 최고의 경지에 있는 사랑의 풍경을 사모하면서 그에 미칠 수 없는 자신과 우리들의 현실을 안타까움 속에서 스냅사진처럼 보여 준다.

총 9명의 동인 가운데서 우선 4명의 동인들의 시적 특성을 스케치해 보았다. 나열식이 되었지만 앞 장의 대부분의 논의가 지닌 추상성을 보완하기 위하여 동인들 모두의 시적 특성을 간략하게나마 적어 보기로 한다.

정복선의 시는 태초와 같은, 소풍과 같은, 들국화 한 송이와 같은, 옛집 뜨락과 같은 덧나지 않은 무위와 자연, 자유와 평화의 세계를 그리워한다. 그는 이 속에서 자신의 심연이 깊어지기를, 그의 정신이 백척간두 그 너머에 도달하기를 꿈꾸고 있다.

김현지의 시는 할미꽃, 능소화, 호박, 홍시 등과 같은 주변의 친근한 소재들을 사랑하고 관찰하면서 식물성의 감성과 내향적 사유로 소란했던 세계를 안정시킨다. 그의 언어 끝에서 세계는 저도 모르게 정돈되고 고요해진다.

고영섭의 시는 곳곳에서 우주의 이치와 인생의 고처高處를 드러내 보이며 생과 시가 함께 법어가 되고 법문이 되기를 소망한다. 다른 동인들의 시도 다 그러하지만 고영섭의 시에서 구현하고자 하는 향가의 미학성은 저변에서 한지에 스며든 수묵의 기운처럼 그윽하다.

주경림은 신성하고 거룩하며 아름다운 것들에 다정한 시선을 보낸다. 그 시선 속에서 이들은 선한 파장과 아우라를 독자들에게 선사한다. 우리의 시선이 닿는 곳이 곧 우리의 마음자리라면 그의 시는 이와 같은 그의 마음자리의 반영이다.

끝으로 이창호의 시는 예스러운 언어와 감각이 이채롭다. 그 예스러움은 오래된 세계를 재문맥화함으로써 새로운 느낌을 창조한다. 고대향가와 현대향가가 만나는 지점이 이 속에 있을 수 있다.

"현대향가 제6집"의 출간을 축하하며 그 미래를 크게 응원하고 기대한다.

| 향가시회 연보 |

2017 3월 25일(토) 15시, 제1차 향가시회를 동국대학교 교수회관 만해관 321호 한국불교사연구소에서 가지다. 고창수, 윤정구, 정복선, 주경림, 고영섭, 서재택, 안승우, 지현아 시인이 동인으로 참여하다. 『삼국유사』의 향가 14수와 『균여전』의 보현십원가 11수를 공유하면서 동국대 국문과 교수였던 양주동의 『조선 고가古歌 연구』, 서울대 국문과 김완진 명예교수의 『향가 해독법 연구』, 서강대 국문과 성호경 명예교수의 『신라 향가의 연구』와 동국대 불교학과 고영섭 교수의 저서 『삼국유사 인문학 유행』(박문사, 2015)을 읽고 창작 현대향가의 합평회를 하다.

4월 15일(토), 제2차 향가시회를 동국대학교 교수회관 만해관 321호 고영섭 교수 연구실에서 가지다. 『삼국유사 인문학 유행』과 『신라의 향가 연구』를 읽고 창작 현대향가의 합평회를 하다.

5월 19일(토) 16시, 제3차 향가시회를 지현아 동인이 운영하는 서대문구 연남동의 북카페 '북스피리언스'에서 가지다. 『삼국유사 인문학 유행』을 읽고 창작 현대향가의 합평회를 하다.

2017 6월 17일(토) 15시, 제4차 향가시회를 동국대학교 교수회관 만해관 321호 세계불교학연구소에서 가지다. 이혜선, 이태규 시인이 동참하다. 『삼국유사 인문학 유행』과 『신라향가연구』를 읽고 창작 현대향가의 합평회를 하다. 이혜선 동인이 시집 『운문호일』(지혜, 2017)을 상자하다.

7월 15(토) 15시, 제5차 향가시회를 동국대학교 교수회관 만해관 321호 고영섭 교수 연구실에서 가지다. 김용길 동인이 동참하다. 『삼국유사 인문학 유행』과 『신라향가연구』를 읽고 창작 현대향가의 합평회를 하다. 박진홍 동인이 참석하다.

8월 7일(월) 15시, 제6차 향가시회를 동국대학교 교수회관 만해관 321호 한국불교사연구소에서 가지다. 『삼국유사 인문학 유행』의 「도천수대비가」와 「원왕생가」를 읽고 창작 현대향가의 합평회를 하다.

9월 30일(토) 15시, 제7차 향가시회를 동국대학교 교수회관 만해관 321호 세계불교학연구소에서 가지다. 『삼국유사 인문학 유행』의 「모죽지랑가」와 「도솔가」를 읽고 창작 현대향가의 합평회를 하다. 김용길, 석연경 동인이 참여하다.

10월 28일(일) 11시, 제8차 향가시회를 동국대학교 교수회관 만해관 321호 고영섭 교수 연구실에서 가지다. 『삼국유사 인문학 유행』의 「제망매가」와 「찬기파랑가」

를 읽고 창작 현대향가의 합평회를 하다. 고영섭 시인이 시집 『사랑의 지도』(지혜, 2017)를 상자하다. 이태규, 유소정 동인이 참여하다.

11월 19일(일) 11시, 제9차 향가시회를 동국대학교 교수회관 만해관 321호 한국불교사연구소에서 가지다. 『삼국유사 인문학 유행』의 「헌화가」와 「원가」를 읽고 창작 현대향가의 합평회를 하다.

12월 16일(토) 15시, 제10차 향가시회를 동국대학교 교수회관 만해관 321호 세계불교학연구소에서 가지다. 『삼국유사 인문학 유행』의 「서동요」와 「풍요」를 읽고 창작 현대향가의 합평회를 하다. 김용길(이채윤) 동인이 제19회 한국시문학상을 수상하다.

2018 1월 19일(금) 14시, 제11차 향가시회를 동국대학교 교수회관 만해관 321호 고영섭 교수 연구실에서 가지다. 『삼국유사 인문학 유행』의 「처용가」를 읽고 창작 현대향가의 합평회를 하다.

2월 24일(토) 15시, 제12차 향가시회를 동국대학교 교수회관 만해관 321호 한국불교사연구소에서 가지다. 『삼국유사 인문학 유행』의 「혜성가」를 읽고 창작 현대향가의 합평회를 하다. 정복선 시인이 시집 『종이비행기가 내게 날아든다면』(시인동네, 2018)을 상자하다.

2018 3월 31일(토) 15시, 제13차 향가시회를 동국대학교 교수회관 만해관 321호 세계불교학연구소에서 가지다. 『삼국유사 인문학 유행』의 「우적가」와 「안민가」를 읽고 창작 현대향가의 합평회를 하다.

4월 22일(일) 13시, 제14차 향가시회를 동국대학교 교수회관 만해관 321호 고영섭 교수 연구실에서 가지다. 김기종 교수의 『한국 불교시가의 구도와 전개』(보고사, 2014)와 『균여전』의 「보현십원가」를 읽고 창작 현대향가의 합평회를 하다.

5월 19일(토) 15시, 제15차 향가시회를 동국대학교 교수회관 만해관 321호 한국불교사연구소에서 가지다. 『한국 불교시가의 구도와 전개』(보고사, 2014)와 『균여전』의 「보현십원가」를 읽고 창작 현대향가의 합평회를 하다.

6월 24일(목) 15시, 제16차 향가시회가 펴내는 현대향가 제1집 『노래 중의 노래』(연기사) 출판기념 시낭송회를 동국대학교 밑 장충단공원 '다담에뜰'에서 진행하다.

8월 24일(토) 15시, 제17차 향가시회를 동국대학교 교수회관 만해관 321호 한국불교사연구소에서 가지다. 『한국 불교시가의 구도와 전개』(보고사, 2014)와 『균여전』의 「보현십원가」를 읽고 창작 현대향가의 합평회를 하다. 김현지 시인이 동인에 새로 참여하다.

9월 16일(일) 14시, 제18차 향가시회를 동국대학교 교수회관 만해관 321호 고영섭 교수 연구실에서 가지다. 『한국 불교시가의 구도와 전개』(보고사, 2014)와 『균여전』의 「보현십원가」를 읽고 창작 현대향가의 합평회를 하다.

11월 26일(토) 15시, 제19차 향가시회를 동국대학교 교수회관 만해관 321호 세계불교학연구소에서 가지다. 「원왕생가」를 읽고 창작 현대향가의 합평회를 하다.

12월 26일(일) 14시, 제20차 향가시회를 동국대학교 교수회관 만해관 321호 한국불교사연구소에서 가지다. 「헌화가」를 읽고 창작 현대향가의 합평회를 하다.

2019 1월 25일(일) 14시, 제21차 향가시회를 동국대학교 교수회관 만해관 321호 고영섭 교수 연구실에서 가지다. 이영신 시인이 동인에 새로 참여하다. 「혜성가」를 읽고 창작 현대향가의 합평회를 하다.

2월 25일(일) 14시, 제22차 향가시회를 동국대학교 교수회관 만해관 321호 세계불교학연구소에서 가지다. 「안민가」를 읽고 창작 현대향가의 합평회를 하다.

3월 23일(토) 15시, 제23차 향가시회를 동국대학교 교수회관 만해관 321호 한국불교사연구소에서 가지다. 「처용가」를 읽고 창작 현대향가의 합평회를 하다.

2019 4월 26(금) 14시, 제24차 향가시회를 동국대학교 교수회관 만해관 321호 고영섭 교수 연구실에서 가지다. 「찬기파랑가」를 읽고 창작 현대향가의 합평회를 하다.

5월 31(금) 14시, 제25차 향가시회를 동국대학교 교수회관 만해관 321호 한국불교사연구소에서 가지다. 「원왕생가」를 읽고 창작 현대향가의 합평회를 하다.

6월 28일(금) 14시, 제26차 향가시회를 동국대학교 교수회관 만해관 321호 세계불교학연구소에서 가지다. 「도천수대비가」를 읽고 창작 현대향가의 합평회를 하다.

7월 26일(금) 14시, 제27차 향가시회를 동국대학교 교수회관 만해관 321호 고영섭 교수 연구실에서 가지다. 「원가」를 읽고 창작 현대향가의 합평회를 하다.

9월 21일(토) 15시, 제28차 향가시회를 동국대학교 교수회관 만해관 321호 한국불교사연구소에서 가지다. 양지법사의 영묘사 불사에 참가한 이들이 지은 「풍요」를 읽고 창작 현대향가의 합평회를 하다.

11월 1일(금) 14시, 제29차 향가시회를 동국대학교 교수회관 만해관 321호 세계불교학연구소에서 가지다. 서동이 지은 「서동요」를 읽고 창작 현대향가의 합평회를 하다.

11월 30일(토) 15시, 제30차 향가시회를 동국대학교 교수회관 만해관 321호 고영섭 교수 연구실에서 가지다. 득오가 지은 「모죽지랑가」를 읽고 창작 현대향가의 합평회를 하다.

12월 10일(화) 14시, 제31차 향가시회를 동국대학교 교수회관 만해관 321호 한국불교사연구소에서 현대향가 제2집 『가사 중의 가사』(시와표현) 출판기념회와 시낭송회를 가지다.

12월 28일(토) 15시, 제32차 향가시회를 동국대학교 교수회관 만해관 321호 한국불교사연구소에서 가지다. 영재永才가 지은 「우적가」를 읽고 창작 현대향가의 합평회를 하다.

2020 5월 30일(토) 15시, 제33차 향가시회를 동국대학교 교수회관 만해관 321호 세계불교학연구소에서 가지다. 작자 미상 「풍요」를 읽고 창작 현대향가의 합평회를 하다.

8월 28일(토) 15시, 제34차 향가시회를 동국대학교 교수회관 만해관 321호 고영섭 교수 연구실에서 가지다. '현대향가 제3집' 간행 문제와 향가의 창작 방향 및 창작 현대향가의 합평회를 하다.

10월 30일(토) 15시, 제35차 향가시회를 동국대학교 교수회관 만해관 321호 한국불교사연구소에서 가지다.

「도솔가」를 읽고 창작 현대향가의 합평회를 하다.

11월 21일(토) 15시, 제35차 향가시회를 동국대학교 교수회관 만해관 321호 세계불교학연구소에서 가지다. 「도솔가」를 읽고 창작 현대향가의 합평회를 하다.

2020   12월 26일(토) 15시, 제36차 향가시회를 동국대학교 교수회관 만해관 321호 고영섭 교수 연구실에서 가지다. 현대향가 제3집 『시가 중의 시가』(시와표현) 출판기념회와 시낭송회를 가지다.

5월 29일(토) 15시, 제37차 향가시회를 동국대학교 교수회관 만해관 321호 한국불교사연구소에서 가지다. 『천년 향가의 비밀』(북랩)의 「서동요」와 「찬기파랑가」를 읽다.

2021   6월 26일(토) 15시, 제38차 향가시회를 동국대학교 교수회관 만해관 321호 세계불교학연구소에서 가지다. 동인들이 써 온 현대향가 합평회를 하다.

10월 30일(토) 15시, 제39차 향가시회를 동국대학교 교수회관 만해관 321호 고영섭 교수 연구실에서 가지다. 박재민의 『신라 향가 변증』(태학사)의 「찬기파랑가」와 「처용가」를 읽다.

12월 18일(토) 15시, 제40차 향가시회를 동국대학교 교수회관 만해관 321호 한국불교사연구소에서 가지다.

현대향가 제4집 『송가 중의 송가』(시산맥) 출판기념회와 시낭송회를 가지다.

2022   4월 23일(토) 14시, 제41차 향가시회를 동국대학교 교수회관 만해관 321호 세계불교학연구소에서 가지다. 동인들이 써 온 현대향가 합평회를 하다. 김영회 향가연구가의 특강을 듣다.

6월 25일(토) 14시, 제42차 향가시회를 동국대학교 교수회관 만해관 321호 고영섭 교수 연구실에서 가지다. 동인들이 써 온 현대향가 합평회를 하다.

7월 23일(토) 14시, 제43차 향가시회를 동국대학교 교수회관 만해관 321호 한국불교사연구소에서 가지다. 동인들이 써 온 현대향가 합평회를 하다. 김영회 향가만엽집연구실장의 특강을 듣다.

12월 17일(토) 14시, 제44차 향가시회를 동국대학교 교수회관 만해관 321호 한국불교사연구소에서 가지다. 현대향가 제5집 『가요 중의 가요』(문예바다) 출판기념회와 시낭송회를 가지다.

2023   4월 26일(토) 14시, 제45차 향가시회를 동국대학교 교수회관 만해관 321호 세계불교학연구소에서 가지다. 박재민 교수의 『신라향가변증』(태학사, 2013)의 「제망매가」와 「찬기파랑가」를 읽고 토론하며 신작 시 합평회를 하다.

7월 1일(토) 14시, 제46차 향가시회를 동국대학교 교수회관 만해관 321호 한국불교사연구소에서 가지다. 박재민 교수의 『신라향가변증』(문예바다)의 「모죽지랑가」와 「안민가」를 읽고 토론하며 신작 시 합평회를 하다.

9월 2일(토) 14시, 제47차 향가시회를 동국대학교 교수회관 만해관 321호 고영섭 교수 연구실에서 동국대 세계불교학연구소가 펴내는 『불교철학』 제12집에 발표한 김영회 선생의 「새로 발견한 향가 11곡 보고서」를 읽고 토론하며 신작 시 합평회를 하다.

12월 18일(월) 16시, 제48차 향가시회를 동국대학교 교수회관 만해관 321호 한국불교사연구소에서 가지다. 현대향가 제6집 『고대의 노래 현대의 노래』(문예바다)의 출판기념회와 시낭송회를 가지다.

12월 22일(금) 15시, 〈문학의 집 서울〉의 새 이름인 〈서울문학광장〉이 주최하는 '동인 순례 1 : 향가시회'를 지하철 3호선 신사역 8번 출구 인근의 유심세미나실에서 40여 명이 참여한 가운데 진행하다.

| 동인 주소록 |

고영섭　010-9022-9180
koyoungseop@hanmail.net / munsachulhak@daum.net
서울 마포구 백범로 37길 12, 신공덕1차삼성래미안@ 103-2101

고창수　010-7939-0246
kcs608@daum.net
경기도 용인시 기흥구 신갈동 166, 새릉골(풍림) 103-1003

김용길(이채윤)　010-9314-6575
boook365@hanmail.net
서울시 동작구 양녕로25라길 36 초원하이츠빌라 103호

김현지
경남 산청군 신안면 둔천산로 15번길 73
서울시 동작구 보라매로 5가길 16 아카데미 3602호

석연경　010-3638-6381
syko219@hanmail.net
전남 순천시 둑실5길 25(금강메트로빌) 106-1004

안승우　010-3331-9561
esang21c@daum.net
서울시 종로구 명륜3가 53-21 성균관대 유학대학 유학과

유소정
royal-kor@hanmail.net

윤정구　　010-8724-9242
jyoon2012@daum.net
용인시 기흥구 새천년로40, 409-403(신갈동, 녹원마을 새천년그린빌)

이영신　　010-8702-1888
forest1888@hanmail.net
서울시 성북구 종암로 25길 30 삼성래미안@ 112-104

이창호　　010-3167-8459
ich8459@syn.ac.kr
경기도 남양주시 별내3로 115 별내더샵아파트 2810-704

이혜선　　010-9002-3871
hs920@hanmail.net
blog.daum.net/hs920 다음 블로그 '이혜선의 문학서재'
서울시 강동구 천호 옛 14길 28-5, 301호(성내동)

정복선　　010-6225-0438
cwsanin@hanmail.net
경기도 가평군 청평면 솔틀로 95-6

주경림　　010-8170-6015
jookyunglim@hanmail.net
서울시 성북구 성북로 76

지현아　　010-6603-2399
서울시 마포구 연남동 북스피어리언스카페

현대향가 제6집 고대의 노래 현대의 노래

초판 1쇄 발행 | 2023년 12월 20일

지은이 | 향가시회
발행인 | 장문정
발행처 | 문예바다
    등록번호 | 105-03-77241
    주소 | 서울 종로구 삼일대로 30길 21(종로오피스텔) 611호
    전화 02-744-2208
    메일 qmyes@naver.com

ⓒ 향가시회 2023. Printed in Seoul, Korea
ISBN 979-11-6115-224-0 (03810)

*이 책의 저작권은 지은이와 출판사에 있습니다.
*양측의 서면 동의 없는 무단복제를 금합니다.